# LA CHASSE
# AU ROMAN

PAR

JULES SANDEAU.

I

PARIS.
MICHEL LEVY FRÈRES, LIBRAIRES-EDITEURS
RUE VIVIENNE, 1.
—
1849

# LA CHASSE

# AU ROMAN.

# En vente chez les mêmes éditeurs.

## ALEXANDRE DUMAS.

| | | |
|---|---|---|
| LE COMTE DE MONTE-CRISTO, 2ᵉ édition.............. | 12 vol. 60 fr. | » |
| LES TROIS MOUSQUETAIRES, — ............... | 8 vol. 40 | » |
| VINGT ANS APRÈS (suite des *Trois Mousquetaires*), 2ᵉ édit. | 8 vol. 40 | » |
| LA REINE MARGOT, 2ᵉ édit................. | 6 vol. 30 | » |
| LE VICOMTE DE BRAGELONNE, tomes 1 à 12........... | 12 vol. 72 | » |

## GEORGE SAND.

| | | |
|---|---|---|
| LA PETITE FADETTE..................... | 2 vol. 12 | » |

## LOUIS REYBAUD.

| | | |
|---|---|---|
| JÉROME PATUROT A LA RECHERCHE DE LA MEILLEURE DES RÉPUBLIQUES............. | 4 vol. 20 | » |
| ÉDOUARD MONGERON..... | 5 vol. 25 | » |
| LE COQ DU CLOCHER..... | 2 vol. 10 | » |
| CÉSAR FALEMPIN...... | 2 vol. 10 | » |
| PIERRE MOUTON........ | 2 vol. 10 | » |
| LE DERNIER DES COMMIS-VOYAGEURS (épuisé)......... | 2 vol. » | » |
| MARIE BRONTIN OU LA CONSPIRATION DE BABOEUF (sous presse)............... | 2 vol. 12 | » |

## JULES JANIN.

| | | |
|---|---|---|
| LE CHEMIN DE TRAVERSE................. | 1 vol. 3 | 50 |
| LA RELIGIEUSE DE TOULOUSE (*sous presse*).......... | 2 vol. 15 | » |
| LA VIE LITTÉRAIRE........( » ).......... | 2 vol. 15 | » |

## PROSPER MÉRIMÉE.

| | | |
|---|---|---|
| CARMEN............. | 1 vol. 6 | » |

## JULES SANDEAU.

| | | |
|---|---|---|
| MADELEINE......... | 1 vol. 6 | » |
| MADEMOISELLE DE LA SEIGLIÈRE................ | 2 vol. 12 | » |
| UN HÉRITAGE.......... | 2 vol. 12 | » |
| LA CHASSE AU ROMAN........... | 2 vol. 12 | » |

## Mᵐᵉ CHARLES REYBAUD.

| | | |
|---|---|---|
| GÉRALDINE............ | 2 vol. 10 | » |
| LES DEUX MARGUERITE................ | 2 vol. 12 | » |
| SANS DOT... | 2 vol. 12 | » |
| LE CADET DE COLOBRIÈRES................ | 2 vol. 12 | » |
| FÉLISE (sous presse)............ | 2 vol. 12 | » |
| CLÉMENTINE (sous presse)............ | 2 vol. 12 | » |

## CHARLES DIDIER.

| | | |
|---|---|---|
| ROME SOUTERRAINE................ | 2 vol. 10 | » |
| ROMANS DU MAROC................ | 4 vol. 10 | » |

## ARSÈNE HOUSSAYE.

| | | |
|---|---|---|
| MADAME DE FAVIÈRES................ | 2 vol. 5 | » |

## ÉDOUARD CORBIÈRE.

| | | |
|---|---|---|
| PELAIO............... | 2 vol. 5 | » |

| | | |
|---|---|---|
| MÉMOIRES DE CAUSSIDIÈRE, ex préfet de police...... | 2 vol. 12 | » |
| MÉMOIRES DE MADEMOISELLE FLORE, des Variétés, écrits par elle-même (2ᵉ édit.)............ | 3 vol. 12 | » |

# LA CHASSE
# AU ROMAN

PAR

JULES SANDEAU.

I

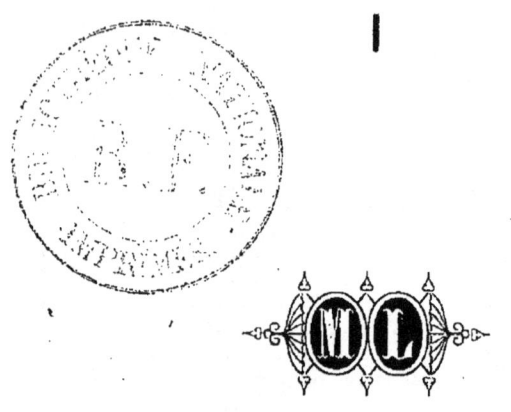

PARIS.
MICHEL LÉVY FRÈRES, LIBRAIRES-ÉDITEURS
RUE VIVIENNE, 1.

1849

# ENVOI.

A M. SIMON PORTIER.

—

« *Voici, mon ami, un livre bien frivole pour des temps si sérieux. Vous qui me connaissez, vous ne m'accuserez pas d'égoïsme ou d'indifférence. Chacun de nous doit mesurer sa tâche à ses forces : si vous avez souri en lisant ce futile récit, j'ai touché le but que je me proposais : si vous avez oublié un instant les épreuves que nous traversons, ma part est assez belle et je m'en applaudis.*

« Jules SANDEAU. »

Paris, ce 1ᵉʳ septembre 1848.

# LA CHASSE AU ROMAN.

# CHAPITRE PREMIER.

**1**

Vers 1858, vivait à Paris un jeune homme nommé Valentin. Il avait vingt-quatre ans, suffisamment d'esprit, et, à défaut de patrimoine, un oncle qui l'adorait. C'était bien la perle des oncles que ce bon M. Fléchambault, un oncle de comédie : il est fâcheux que l'espèce n'en soit pas plus rare au théâtre et plus commune dans la vie. Uniquement en vue de son neveu, il avait déclaré, au chevet de sa sœur expirante, qu'il ne se marierait jamais, et il avait tenu parole, bien qu'ayant pour le mariage un penchant assez prononcé. Grâce à la fortune et au célibat de ce digne homme, Valentin pouvait dormir, comme on dit, sur les deux oreilles. Sans mener grand train, il voyait le monde, où il passait généralement pour un cavalier accompli, surtout aux yeux des mères de famille, dûment renseignées sur le chiffre de ses espérances. Lorsqu'il s'était agi pour lui du choix d'une carrière, son oncle lui avait dit : Fais ce que tu voudras. Après réflexion, Valentin s'était décidé à ne rien faire. Exempt d'ambition, il se réjouissait de n'être rien en observant autour de lui la plupart des gens qui croyaient être quelque chose. Riche et généreux, il avait beaucoup d'amis ; sans talent ni supériorité d'aucun genre, il n'avait pas un seul ennemi. Enfin, à tous ces avantages, il en joignait d'autres que la poésie dédaigne, mais qu'apprécie la réalité ; il jouissait d'une santé florissante, dînait d'un grand appétit, et, mettant à profit les relations que son oncle, ancien armateur de Nantes, avait conservées avec des capitaines au long cours, ne fumait que des cigarres de la Havane. Je le demande, fût-il jamais destinée plus digne d'envie ? Il s'en fallait pourtant que le jeune Valentin fût heureux.

De même qu'un ver suffit pour gâter le

plus beau fruit, un travers d'imagination suffit pour troubler la vie la plus sereine, pour corrompre le bonheur le plus parfait. On va voir comment ce jeune homme en était arrivé à méconnaître les faciles joies qu'il avait sous la main.

Amant du repos et des doux loisirs, M. Fléchambault s'était senti de tout temps attiré par la vie champêtre; vieillir en paix à l'ombre des arbres qu'il aurait plantés, avait été le rêve de ses jeunes années. Aussitôt qu'il avait pu réaliser ce rêve, M. Fléchambault avait renoncé aux hasards du commerce et s'était retiré prudemment dans sa propriété des Cormiers, à quelques lieues de Nantes, sur le bord de la Sèvres. Il estimait qu'une chaumière en terre ferme offre au bonheur plus de garanties que six navires sur l'Océan. A défaut de chaumière, il possédait une belle habitation se donnant des airs de château, des bois, des fermes, des prairies à l'entour, tout un petit royaume silencieux et charmant. C'est là que Valentin avait achevé de grandir, objet de tant d'amour et de sollicitude qu'il ne lui vint jamais à la pensée de se demander s'il était orphelin. A dix-huit ans, c'était un beau et bon jeune homme, sachant très peu de grec et de latin, mais chasseur intrépide, montant à cheval comme un Lapithe, et faisant la joie de son oncle, qui ne prévoyait pas d'obstacle à l'accomplissement du plus cher de ses vœux. Or, le vœu le plus cher de M. Fléchambault était de marier Valentin avec la fille de son vieil ami Varembon.

M. Varembon et M. Fléchambault étaient deux amis de la vieille roche. Leur amitié est restée proverbiale à Nantes, comme celle d'Euryale et de Nisus. Je n'en citerai qu'un trait qui en vaut mille. Ayant découvert à l'insu l'un de l'autre qu'ils aimaient tous deux la même femme, tous deux s'embarquèrent en secret sur deux navires différents, chacun croyant ainsi laisser à l'autre le champ libre. Les deux navires arrivèrent le même jour en vue de New-York, et les deux amis se reconnurent en mettant le pied sur la plage. De retour à Nantes, Fléchambault alla se jeter aux genoux de la femme aimée, c'était une jeune veuve, et la supplia d'épouser Varembon. Une heure auparavant, Varembon, les mains jointes, l'avait suppliée d'épouser Fléchambault. Ils ignoraient qu'en leur absence la jeune veuve avait épousé son cousin qu'elle aimait déjà du temps de son premier mari.

M. Varembon s'étant marié quelques années plus tard, il en résulta une petite fille toute blanche et toute rose qui reçut le nom de Louisanne, et fut fiancée, une heure après sa naissance, à Valentin qui comptait trois ans révolus. Je ne dirai qu'un mot de madame Varembon. Lorsqu'une femme est introduite, à quelque titre que ce soit, dans l'intimité de deux hommes jusque-là tendrement unis, et que sa présence, loin de troubler leur union, ne réussit qu'à la resserrer, à la maintenir, soyez sûr que cette femme est douée de qualités bien rares. Telle était madame Varembon ; aussi mourut-elle à vingt ans. Les deux amis renouvelèrent, à son lit de mort, le serment de vivre ensemble et de ne se quitter jamais. Le destin jaloux devait en disposer autrement.

L'Océan est le tapis vert où se voient les plus grands coups du sort. Un jour, M. Varembon reçut la nouvelle que toute sa fortune venait d'être balayée par le vent. La ruine était complète, la banqueroute imminente. On put voir alors ce qu'est un véritable ami. M. Fléchambault combla le gouffre où menaçait de s'engloutir l'honneur de M. Varembon; puis, ayant fait deux parts égales du peu qui lui restait, il dit : « Voilà ma part, et voici la tienne. » Là-dessus, ils s'embrassèrent en pleurant, car ils allaient se séparer. M. Varembon, pour qui la place de Nantes n'était plus tenable, partait pour la Nouvelle-Orléans, où il pensait relever ses affaires et réédifier sa fortune. Il partit avec l'espoir d'un prompt retour. Valentin avait huit ans alors, Louisanne en avait cinq; en se quittant, les jeunes fiancés se jurèrent fidélité à toute épreuve.

Il y a dans la séparation de deux êtres unis par l'affection la plus sainte, la plus fraternelle, quelque chose de plus triste que la séparation elle-même, c'est de voir combien il est aisé de vivre séparés l'un l'un de l'autre ; trop heureux si l'amitié ne dépérit pas au bout de quelques mois, trop heureux si, au bout de quelques années, on se hêle encore de loin en loin ! C'est la commune loi ; nos deux amis étaient dans l'exception. S'ils s'habituèrent aux regrets de l'éloignement, du moins leur amitié n'eut point à souffrir de l'absence. Vainement les mois, les années s'écoulèrent, ils ne cessèrent pas de mêler, dans une correspondance active, leurs projets et leurs espérances. M. Fléchambault avait reconquis assez rapidement la fortune qui suffisait à la modestie de ses ambitions. Retiré du commerce, il pressait M. Varembon de venir s'installer aux Cormiers pour y vieillir ensemble et marier leurs enfants, aussitôt que l'heure aurait sonné pour eux. C'était aussi le vœu de M. Varembon, ses lettres en faisaient foi ; mais il avait à cœur de rentrer opulent dans le pays qui l'avait vu partir pauvre et deshérité ; il voulait surtout, dans un sentiment facile à comprendre, que sa fille apportât au neveu de M. Fléchambault une dot digne de la fille d'un roi. En attendant, il n'était question dans ses lettres que de la beauté de Louisanne, de sa grâce toujours croissante, de même que les lettres de M. Fléchambault ne tarissaient pas sur les perfections du jeune homme. Les épitres de M. Varembon passaient sous les yeux de Valentin ; celles de M. Fléchambault étaient communiquées à Louisanne. Ainsi ces deux enfants, qui n'avaient l'un de l'autre qu'un vague souvenir, s'étaient pourtant habitués de bonne heure à l'idée qu'ils devaient un jour être unis. Au dire de M. Varembon, Louisanne entrevoyait sans effroi la destinée qu'on lui réservait; de son côté, Valentin, chez qui la jeunesse n'avait pas encore fait explosion, se prêtait avec bonne grâce aux projets de son oncle, et, je le répète, M. Fléchambault ne prévoyait pas d'obstacles à l'accomplissement du plus cher de ses vœux quand la fatalité conduisit Valentin chez le chevalier de Sainte-Amarante.

Le chevalier de Sainte-Amarante avait soixante-douze ans. Il avait vu la cour de Versailles, où il s'était fait remarquer par sa façon de danser le menuet. Jaloux de donner à la monarchie une preuve plus authentique de son dévoûment, il avait émigré des premiers; on s'était fort occupé à Coblentz de ses amours et de ses duels. A l'en croire, partout où il s'était montré, il avait laissé la réputation d'un diable à quatre, buvant bien, se battant de même, et vert galant comme le roi Henri. Le fait est qu'à soixante ans il était encore très alerte, et que ceux de ses paysans qui avaient femme jeune ou fillettes, aimaient assez à porter eux-mêmes au château la crême et le lait de leurs vaches. A l'époque dont nous parlons, il vivait seul dans un petit castel, perché comme un pigeonnier sur le plateau d'une colline, dans les environs de Tiffauges. Depuis quelques années, la goutte lui avait signifié que c'était fini pour lui de la saison des aventures.

Cloué le plus souvent sur son fauteuil, n'ayant autour de lui personne qui l'aimât, car il n'avait jamais aimé personne, réduit pour toute distraction au souvenir de ses équipées, le chevalier de Sainte-Amarante s'était jeté tête baissée dans la lecture des romans, seule lecture qui convînt à cet esprit frivole et dissipé. Les fictions le consolaient de la perte des réalités. Il lisait sans choix; pourtant il préférait les romans modernes où se peignaient les mœurs, les sentiments et les passions du jour. Il se plaisait à comparer la société nouvelle avec celle où il avait brillé d'un si vif éclat, et reconnaissait volontiers que, depuis qu'il avait la goutte, il n'y avait plus personne en France qui entendît quelque chose à l'amour. Ce qui n'avait d'abord été qu'un passe-temps était devenu une vraie manie. On ne saurait calculer la quantité de romans qu'absorba le chevalier pendant les dernières années qu'il passa sur la terre. La meilleure partie de ses revenus, qui n'étaient pas fort considérables, s'écoulait en achats d'in-octavos à couverture de papier beurre frais, jaune serin ou gris de perle.

Tout volume nouveau était fêté comme un ami qui serait venu le visiter dans sa solitude. Sur les derniers temps, il apportait dans ses lectures tant de sincérité, de passion, de fougue et d'ardeur, qu'on dut craindre plus d'une fois pour sa vie ou pour sa raison. Par exemple, si le héros d'un livre était jeune, amoureux, de bonne race et galamment tourné, le chevalier ne manquait jamais de s'identifier avec lui. Il souriait complaisamment et relevait fièrement la tête à chaque trait de vaillance ou d'esprit ; chaque page était un miroir qui lui renvoyait son image. Mais quand par malheur les choses n'allaient plus à son gré, quand le malencontreux héros se laissait choir dans un piège ou s'avisait de faire quelque sottise, alors le chevalier, rouge d'indignation et de colère, se tordait dans son fauteuil, éclatait bientôt comme une bombe, et finissait par jeter le livre par la fenêtre en s'écriant que jamais un Sainte-Amarante ne s'était conduit de la sorte. On le voit, le vieux gentilhomme en usait un peu avec les romans modernes comme don Quichotte avec les romans de chevalerie.

# CHAPITRE II.

## 2

Un jour, emporté par l'ardeur de la chasse, Valentin, précédé d'une meute complète, avait lancé son cheval dans un vaste champ où commençait à verdir la moisson nouvelle. Tout fut haché, broyé saccagé. Honteux de son étourderie, Valentin résolut de la réparer aussitôt. Il venait d'apprendre que le champ dévasté appartenait au chevalier de Sainte-Amarante ; il n'hésita pas à se rendre chez le chevalier pour lui offrir, avec ses excuses, la réparation des dommages qu'il avait causés. Au bout d'une heure, son cheval s'arrêtait devant la porte du petit castel à demi ruiné, où la goutte, les ans et les romans achevaient de consumer le dernier héritier d'une race de preux.

Une fois là, Valentin sentit sa résolution chanceler. Il ne connaissait que par la voix publique le chevalier de Sainte-Amarante, qui jouissait dans le pays d'une belle réputation de vieillard quinteux, bizarre, atrabilaire, entiché de gentilhommerie. Quel accueil allait-il recevoir? à quels procédés devait-il s'attendre? Cependant, comme sa démarche n'avait rien que d'honnête et qu'il la considérait d'ailleurs comme un devoir, il mit pied à terre et pénétra bravement dans une cour déserte, silencieuse, où vivaient en paix quelques familles de poules et de canards. Après avoir cherché vainement, jusque dans l'intérieur du château, un serviteur qui l'introduisît chez son maître, Valentin se disposait à se retirer, lorsqu'il crut entendre un bruit sourd qui partait du seul appartement dont la porte ne fût pas ouverte. Il frappa trois coups, tourna la clé dans la serrure, et se trouva face à face avec le chevalier de Sainte-Amarante, qu'il reconnut facilement, bien qu'il le vît pour la première fois.

Précisément en cet instant, le chevalier était en proie à un de ces accès d'indignation et de colère que je signalais tout à l'heure. Il venait de surprendre en faute grave un de ses héros de prédilection, et, malgré la goutte assassine, il se promenait comme un fou furieux dans sa chambre. La présence inopinée d'un visiteur irrita sa folie au lieu de l'apaiser.

— Oui, je le soutiendrai envers et contre tous, s'écria-t-il en apercevant Valentin qui, debout sur le pas de la porte, le regardait d'un air effaré; c'est une honte! une infamie! Ce n'est pas ainsi qu'en agissaient les gentilshommes de mon temps.

En entendant ces mots, Valentin ne douta plus que le chevalier de Sainte-Amarante ne fût déjà instruit des dégâts faits dans son champ.

— Monsieur le chevalier, répliqua-t-il avec douceur, permettez-moi d'abord de vous faire observer que je ne suis pas gentilhomme. Je me nomme Valentin et suis le neveu de M. Fléchambault.

— Cela ne me regarde pas.

— Pardonnez-moi, monsieur le chevalier, il est bon que vous me connaissiez. Je ne suis pas gentilhomme, mais je crois être, dans les questions d'honneur et de loyauté, aussi bon juge que vous-même, et j'ose dire que vous allez trop loin. Il n'y a dans toute cette affaire ni honte ni infamie que je sache.

— Ventre de biche! Monsieur, s'écria le chevalier hors des gonds, vous en parlez bien à votre aise. En fait d'honneur et de loyauté, la jeunesse aujourd'hui paraît être fort indulgente. Elle était de mon temps plus difficile, Dieu merci!

— En vérité, monsieur le chevalier, il n'est pas besoin de beaucoup d'indulgence pour ne voir dans tout ceci qu'une étourderie de jeune homme.

— Une étourderie de jeune homme! Ah! vous appelez cela une étourderie de jeune homme! Dans notre langue à nous, savez-vous, Monsieur, comment cela s'appelait autrefois?

— De grâce, calmez-vous, monsieur le chevalier. Ce n'est pas la première fois que l'ardeur de la chasse.....

— L'ardeur de la chasse n'excuse pas un acte de félonie, devant lequel Nemrod lui-même eût reculé.

— Les dégâts ne sont pas aussi considérables que vous l'imaginez.

— Les dégâts! Vertu-Dieu! le mot est bien choisi. Les dégâts! l'expression me plaît.

— Sans doute c'est un malheur, mais qui n'est pas irréparable.

— Irréparable, Monsieur, irréparable! Cette fois, vous avez dit le mot. Jeune encore, dans tout l'éclat de sa grâce et de sa beauté, la marquise de Miraflor est morte, elle est morte écrasée.....

— C'est une abominable calomnie! s'écria vivement Valentin, interrompant le chevalier. J'ai ravagé votre champ, mais je n'ai jamais écrasé personne. Si la marquise de Miraflor est morte écrasée, je ne suis pour rien dans cette catastrophe. Quant aux dégâts que j'ai pu faire dans votre propriété, nommez vous-même des experts.....

— Que parlez-vous d'experts? repartit M. de Sainte-Amarante, à son tour étonné. Je vous dis que la marquise de Miraflor est morte écrasée sous le poids de son infortune. Elle n'a pu survivre au lâche abandon de son amant, le vicomte de Clochebourde, à qui elle avait sacrifié le meilleur des époux; elle est morte de désespoir, tandis que l'infâme vicomte, qui la savait mourante, courait un cerf dans la forêt de Chantilly. Et vous appelez cela une étourderie de jeune homme!

— Tâchons de nous entendre, répondit Valentin, je vous parle de votre champ, et vous me parlez du vicomte de Clochebourde.

— Que diable! Monsieur, reprit le chevalier, je ne me donne pas pour un moraliste sévère, et ne vois pas grand mal à ce que l'on quitte une femme ; mais il y a façon de s'y prendre. Pour ma part, j'en quittai plusieurs. Je ne vous dirai pas que la chose leur fut agréable ; mais ce que je puis affirmer, c'est que pas une d'elles n'en mourut de chagrin.

— Je vous crois, monsieur le chevalier. Je suis loin d'approuver la conduite du vicomte de Clochebourde ; la triste fin de madame de Miraflor m'inspire une pitié sincère. Permettez cependant que j'explique le sujet qui m'amène devant vous.

Et Valentin conta l'affaire en peu de mots. Sa façon de s'exprimer, sa jeunesse, sa bonne mine, son air de candeur plurent singulièrement au vieux gentilhomme, dont la raison venait enfin de se dégager du gros nuage qui l'avait obscurcie. Dans la solitude où vivait le chevalier depuis plusieurs années, la présence d'un étranger était une trop rare aubaine, pour qu'il n'en sentît pas tout le prix. Il mit un entêtement chevaleresque à refuser toute espèce d'indemnité.

— Je vous en prie, ne parlons plus de celà, dit-il à Valentin, qui insistait encore. C'est un petit malheur que je ne saurais déplorer, puisqu'il me vaut le plaisir de vous voir et de vous connaître. J'en serai quitte l'an prochain pour vendre mon grain plus cher. Quant à Clochebourde, je persiste dans mon opinion, c'est un malheureux.

Valentin, qui pensait que le chevalier avait connu particulièrement les personnages de cette lamentable histoire, crut devoir, par discrétion, se hâter de prendre congé.

— Madame de Miraflor était de vos amies, dit-il; votre douleur est trop respectable pour que je veuille la troubler plus longtemps.

— Du tout, du tout! s'écria le chevalier; vous ne partirez pas ainsi. Vous êtes mon prisonnier. Asseyez-vous là et causons.

Et M. de Sainte-Amarante apprit à Valentin que la marquise de Miraflor n'avait jamais existé, pas plus que le vicomte de Clochebourde, et qu'il s'agissait tout simplement d'un roman intime qu'il avait lu dans la matinée. Valentin ouvrait de grands yeux et se demandait s'il rêvait. Tout en l'écoutant, il examinait le chevalier avec un sentiment de curiosité mêlé d'inquiétude. C'était un petit vieillard à la fois sec et vert. Il avait encore l'œil vif et la main belle; mais son visage ridé, ratatiné, ressemblait à un masque de parchemin jauni par le temps, raccorni par le feu. Il portait sur la tête une coiffe de nuit, retenue sur le front par un ruban jonquille; son corps maigre et fluet, toujours en mouvement, frétillait comme une anguille dans les plis d'une vaste robe de chambre bleue, à rosaces jaunes qui flamboyaient comme autant de soleils sur un fond d'azur. L'appartement qui servait de cadre à cette figure en complétait l'effet pittoresque. Qu'on se représente une salle immense, au parquet disloqué, aux lambris vermoulus, le long desquels pendaient quelques portraits d'ancêtres qui semblaient contempler avec mélancolie la ruine de leur maison. Au milieu de cette salle, un paravent de cuir de Hollande, dernier vestige d'une splendeur évanouie, formait une espèce de sanctuaire où se tenait le chevalier, entre des piles de romans qui s'élevaient autour de lui comme un second mur d'enceinte. En levant les yeux, Valentin voyait les araignées qui tendaient paisiblement leurs toiles aux angles du plafond : en prêtant l'oreille, il entendait trotter derrière le paravent de longues processions de rats et de souris, alléchés par le parfum des in-octavos.

— Ainsi, monsieur le chevalier, vous aimez passionnément la lecture? dit enfin Valentin qui n'était pas bien sûr que le dernier des Sainte-Amarante ne fût pas fou à lier.

— Que voulez-vous? répondit en souriant le hobereau. Je ressemble aux vieux capitaines hors de service, qui lisent des récits de bataille pour tromper leur oisiveté. Je me suis retiré du monde, et le monde s'est retiré de moi. Grâce aux amis que vous voyez rangés autour de mon fauteuil, je suis encore des yeux la mêlée des passions à laquelle je ne veux plus prendre part; j'assiste encore, du fond de ma retraite, à la représentation de la vie. Je me console de n'avoir plus de rôle dans la pièce, en observant les acteurs qui m'ont remplacé.

— A ce compte, monsieur le chevalier, répliqua Valentin que ces paroles avaient pleinement rassuré, les romans vous offrent une image fidèle du monde et de la vie?

— Certainement, s'écria le vieillard qui

parut légèrement surpris de la réflexion du jeune homme.

— Vous êtes, en pareille matière, meilleur juge que moi, monsieur le chevalier. J'ai dix-neuf ans, et ne sais rien de ce qui se passe loin de nos campagnes. J'ai grandi à l'ombre de nos bois, et n'ai lu, jusqu'à présent, que quelques livres de voyages, dont se compose la bibliothèque de M. Fléchambault. Cependant, je me suis laissé dire par mon oncle que les romans ne sont, pour la plupart, que des peintures extravagantes, et n'ont rien de commun avec la réalité.

— Mon jeune ami, répliqua vertement le chevalier, j'en suis fâché pour M. votre oncle; il n'a fait qu'exister et n'a jamais vécu. Tous les romans sont l'expression du cœur humain, de la vie humaine; il n'en est pas un seul qui ne soit un fragment de l'histoire de l'humanité. Des peintures extravagantes! D'où vient donc que la société s'y reconnaît comme dans une glace? D'où vient que la jeunesse y puise des enseignements? D'où vient que le vieillard qui vous parle y ravive ses souvenirs? Je vais plus loin : la vie réelle est plus romanesque, plus riche en incidents que les fictions les plus hardies. L'imagination ne se nourrit que des rognures de la réalité.

— Comment, monsieur le chevalier, s'écria Valentin qui allait de surprise en surprise, on peut rencontrer dans le monde des marquises de Miraflor, des vicomtes de Clochebourde!

— Le monde est plein de Clochebourde et de marquises de Miraflor, répondit gravement M. de Sainte-Amarante. Mais qu'est-ce que celà? ajouta-t-il aussitôt avec un sourire de mépris. *La marquise de Miraflor* est un roman intime. Or, vous saurez que le roman intime est ce qu'il y a de plus plat et de plus bourgeois. Êtes-vous allé à Nantes?

— C'est là que je suis né.

— Avez-vous visité le Musée?

— Une fois seulement, monsieur le chevalier.

— Sans doute vous avez remarqué des tableaux de l'école flamande ; ce sont pour la plupart des scènes de ménage ou des intérieurs de cuisine. Eh bien! mon jeune ami, vous connaissez le roman intime ; c'est l'existence dans ce qu'elle a de plus terne et de plus vulgaire. Parlez-moi de ces beaux livres où l'imprévu jaillit à chaque phrase, où les incidents se pressent, où toutes les grandes passions sont en jeu, plus riches en catastrophes de tout genre que l'*Iliade* en funérailles, dont il est impossible de pressentir le dénoûment avant d'avoir tourné le dernier feuillet! Voilà les romans qu'il faut lire lorsqu'on veut étudier le monde ; c'est là qu'on peut surprendre la vie dans ses combinaisons les plus ingénieuses, dans ses complications les plus bizarres, dans ses plus étranges fantaisies.

Valentin ne revenait pas de sa stupeur. Pour lui prouver que la vie réelle n'est qu'un enchaînement d'aventures plus ou moins singulières, que l'imprévu gouverne le monde et que l'imagination des romanciers n'a rien inventé, le chevalier se mit à raconter quelques histoires de sa jeunesse qui, à l'entendre, n'avait été qu'un long roman de cape et d'épée. Ragaillardi par ses souvenirs, il avait retrouvé ses vingt ans. A défaut de bon sens, il ne manquait pas d'esprit et savait donner un tour galant à tout ce qu'il disait. Valentin était tout oreilles. Lorsqu'il se leva pour partir, le gentilhomme, qui tenait à son auditoire, lui coupa une seconde fois la retraite.

— Vous dînez avec moi, lui dit-il. Je prétends que nous vidions ensemble un vieux flacon ; la goutte et le docteur en penseront ce qu'ils voudront, je m'en soucie comme de cela. Vous vous en irez à la nuit. Le temps est beau, les sentiers sont sûrs, et vous aurez la pleine lune. A votre âge, j'aimais à chevaucher ainsi à la clarté des étoiles. Je me souviens qu'un soir, en revenant du château de La Bretèche, je rencontrai sur mon chemin la petite vicomtesse de Maflé, un vrai bijou : je la pris en croupe et je l'enlevai.

— Est-ce possible? s'écria Valentin.

— Ce qu'il y a de plus plaisant, c'est que le mari était à quelques pas de là, qui s'amusait à bayer aux corneilles. Huit jours après, il me donna un bon coup d'épée. J'avais dix-huit ans; ce fut mon premier duel et mon premier amour. L'aventure est piquante; je vous la conterai au dessert.

Le dîner fut gai. Au lieu d'un vieux flacon, on en but deux. Le chevalier qui ne se lassait pas de parler, par la raison toute simple qu'il ne parlait que de lui-même, fit tous les frais de l'entretien. De son côté, Valentin ne se lassait pas de l'entendre. Au dessert, c'étaient déjà de vieux ami. Cependant la lune montrait sa face ronde derrière les créneaux du château de Tiffauges. Pour le coup, Valentin qui craignait que son oncle ne fût inquiet, prit décidément congé de son hôte. Prêt à se retirer :

— Il me reste une grâce à vous demander, lui dit-il.

— Que puis-je pour vous? répliqua le chevalier. Avec ce que m'ont laissé les ans, la goutte et les révolutions, je croirais manquer de générosité en vous offrant ma fortune et ma vie.

Valentin sollicita comme une faveur la permission d'emporter un des nombreux romans qui encombraient l'enceinte réservée.

—A votre choix! s'écria M. de Sainte-Amarante en l'entraînant dans le sanctuaire. Romans d'intrigue, romans d'analyse, romans passionnés, romans intimes, romans pastoraux, romans maritimes, romans de cape et d'épée, nous en avons ici pour tous les goûts ; vous pouvez étudier la vie sous toutes ses faces et sous tous ses ses aspects.

Valentin prit au hasard un volume qu'il mit dans sa poche, et partit, non sans promettre au chevalier de le visiter souvent dans son petit castel. Il revint lentement, au pas de sa monture. Il faisait une nuit radieuse. Les haies étaient en fleurs; les insectes ailés bourdonnaient dans l'air qu'embaumait l'aubépine. Pour la première fois, Valentin se sentait troublé. Inquiet, agité, rêveur, ne sachant que penser des discours qu'il venait d'entendre, se demandant si ce n'était pas la folie, il éprouvait quelque chose de pareil à ce que dut éprouver Christophe Colomb à la première révélation d'un nouveau monde au-delà des mers.

En arrivant aux Cormiers, il trouva son

oncle plongé dans la lecture de ses livres de comptes. Le même jour, après le départ de son neveu pour la chasse, M. Fléchambault avait reçu une lettre de son vieil ami Varembon. Louisanne venait d'achever sa seizième année. Dans son langage poétique et fleuri, M. Varembon comparait sa fille à un lys virginal qui, transplanté bientôt de la Nouvelle-Orléans sur les bords enchantés de la Sèvres nantaise, achèverait de s'épanouir sous l'haleine embaumée de l'Hymen. Entraîné par le tourbillon des affaires, il ne pouvait encore préciser l'époque de son retour; mais son imagination s'exaltait à la pensée des joies que lui promettait l'avenir. Comme le poète de Tibur, il s'écriait avec enthousiasme : O campagne, quand te reverrai-je?

*O rus, quando te aspiciam?* Sous sa plume, le bonheur domestique et le bonheur champêtre s'étaient parés des plus riantes couleurs. On eût dit un berger d'Arcadie, déporté à la ville, étouffant dans l'air des cités et soupirant après ses champs et ses génisses. Au milieu de ces images bucoliques se dressaient de loin en loin, comme des cyprès dans un verger, des obélisques et des pyramides de chiffres, destinés à tenir M. Fléchambault au courant des transactions commerciales de son ami.

M. Fléchambault n'eut rien de plus pressé que de communiquer cette lettre à son neveu. Après l'avoir parcourue d'un œil distrait, avec un secret sentiment d'humeur, Valentin se retira dans sa chambre

et passa le reste de la nuit à lire le roman
que lui avait prêté le chevalier de Sainte-
Amarante.

# CHAPITRE III.

3

A compter de ce jour, Valentin retourna fréquemment chez le chevalier, et n'en revint jamais sans quelque roman dans sa poche. Comme il était aisé de le prévoir, ce jeune homme, qui ne savait rien de la vie, et qui n'avait lu jusque-là que quelques relations de voyages, s'était laissé prendre au charme décevant de ces récits étranges, ardents et passionnés. En quelques mois, il eut épuisé les trésors de la bibliothèque du vieux gentilhomme. La nuit, enfermé dans sa chambre, il lisait souvent jusqu'aux premières lueurs de l'aube ; le jour, il lisait jusqu'au soir, assis à l'ombre des haies ou couché dans les hautes herbes. Son imagination, son cœur et ses sens s'éveillèrent sous l'influence de ces lectures, qu'aggravaient, loin de l'atténuer, ses entretiens avec M. de Sainte-Amarante. Il ne tarda pas à se sentir atteint d'un profond ennui. Un jour qu'il causait avec le chevalier, il en vint à parler de Louisanne, des projets de son oncle, de la destinée que lui préparaient M. Fléchambault et M. Varembon. Le chevalier se mit à rire.

— M. Fléchambault et M. Varembon se moquent de vous, dit-il à Valentin. Depuis quand s'ensevelit-on avant d'avoir vécu? Depuis quand baisse-t-on le rideau avant d'avoir commencé la pièce? Depuis quand le dénoûment d'un livre se trouve-t-il au premier chapitre? Quoi! lorsque s'ouvrent devant vous tant de jolis sentiers où chantent la jeunesse et l'amour, vous iriez prendre la grand'route poudreuse qui mène droit au temple d'hyménée! J'ai connu trop de maris pour être partisan du mariage. Je reconnais pourtant qu'il est pour un galant homme deux façons honnêtes d'arriver à ce but qu'on appelle, je ne sais pourquoi, le but de l'humanité. J'admets qu'on se marie pour faire une fin. On a couru le monde en tous sens, on sait tous les secrets de la vie, on n'a plus le pied assez ferme, assez sûr pour gravir les coteaux de la verte Bohême : je ne nie pas qu'il ne soit doux alors de se réfugier dans le sein du bonheur domestique. On épouse une jeune fille qui ne sait rien et qui brûle de savoir ce qu'on ne peut plus lui apprendre ; elle vous trompe et l'on est tout étonné de découvrir, après réflexion, que ce n'est pas un si grand malheur qu'on se l'était figuré d'abord. J'admets aussi qu'on se marie par surprise et par aventure ; je conçois qu'après s'être égaré dans les chemins de traverse, on se laisse happer au détour d'une haie par messire Hymen qui vous guettait depuis longtemps, caché sous les traits de l'Amour, et vous attendait au passage, comme un malfaiteur embusqué derrière une porte. Je comprends que les choses puissent se passer de la sorte : mais se marier pour se marier, se marier à vingt ans pour faire plaisir à son oncle, se marier sans aventure et sans amour, se marier parce qu'à trois ans on fut fiancé à une petite fille au berceau, je déclare que c'est la plus triste de toutes les folies, la femme qu'on épouse fût-elle jeune et belle comme Vénus sortant du sein des eaux.

— Remarquez, monsieur le chevalier, que c'est ici le cas qui se présente, répliqua timidement Valentin. S'il faut en croire M. Varembon, Louisanne n'est pas seulement belle comme Vénus : à la grâce, à la beauté, elle unit la bonté d'un ange.

— Connu, connu ! s'écria M. de Sainte-Amarante. Règle générale, entre quinze et seize ans, les jeunes filles subissent, au dire des parents, une transformation merveilleuse et deviennent tout à coup des anges. Je ne suis surpris que d'une chose, c'est que, dans les familles, on ne se soit pas encore avisé de coudre des ailes aux jeunes filles à marier. D'ailleurs, là n'est pas la question. Je veux croire que mademoiselle Louisanne est parfaite, et aussi charmante que l'affirme M. Varembon ; il suffit qu'on vous la destine depuis longtemps pour que vous ne l'épousiez pas. Je le répète, le mariage est un but auquel il est permis d'arriver, mais qu'il faut se garder de voir de trop loin, sous peine de supprimer tous les agréments du voyage.

— C'est que mon oncle et M. Varembon...

— M. votre oncle et M. Varembon me font l'effet de deux pèlerins qui veulent confisquer votre jeunesse au profit de leur égoïsme.

— Mon oncle prétend que le bonheur est là, sur le bord de la Sèvres, au fond de nos campagnes.

— M. votre oncle ne croit pas ou ne

comprend pas un mot de ce qu'il dit.
Qu'est-ce que le bonheur, je vous prie?
Est-ce une chose qu'on puisse définir?
L'essence en est-elle connue? La forme
en est-elle arrêtée? M. votre oncle a-t-il
vu le bonheur? s'est-il trouvé nez à nez
avec lui? pourrait-il m'apprendre comment il est fait? Mon ami, le bonheur
est aussi varié et aussi variable que l'espèce humaine; il se transforme et se
modifie selon l'âge et le tempérament
des hommes. Il y a, Dieu merci! plus
d'une manière d'être heureux. Ne pas
trop souffrir de la goutte, lire un roman
au coin du feu, interrompre de temps en
temps ma lecture pour tremper une
mouillette de biscuit dans un verre de vin
d'Alicante, voilà pour moi le bonheur

aujourd'hui. Pensez-vous que ce fût le bonheur pour moi quand j'avais vingt ans ?

— Mais, monsieur le chevalier, c'est que mademoiselle Louisanne elle-même paraît tenir beaucoup à cette union.

— Qui vous l'a dit ?

— M. Varembon, qui ne cesse de le répéter dans toutes ses lettres.

— M. Varembon écrit que sa fille vous aime ?

— Pas précisément.

— Qu'elle sera charmée de vous épouser ?

— C'est la vérité.

— Eh bien! M. Varembon vous trompe.

— Soyez sûr, monsieur le chevalier, qu'un ami de mon oncle ne peut être qu'un honnête homme, incapable de tromper personne.

— En ce cas, mon jeune ami, M. Varembon est un sot.

— M. Varembon est un sot! s'écria Valentin frappé de stupeur.

— Entendons-nous, reprit le chevalier. Il est possible qu'en affaires M. Varembon soit un esprit éminent; mais dans toutes les questions qui relèvent de la science du cœur humain, je le tiens pour un oison bridé. Voici pourquoi : c'est que mademoiselle Louisanne vous hait.

— Mademoiselle Louisanne me hait! s'écria Valentin bondissant sur sa chaise comme s'il eût été piqué par une guêpe. J'avoue, monsieur le chevalier, que vous m'étonnez singulièrement. Pourquoi voulez-vous que mademoiselle Louisanne me haïsse. Quand nous nous sommes quittés, elle avait cinq ans et j'en avais huit. En admettant que j'aie eu des torts envers elle, il faut que vous lui supposiez une mémoire bien fidèle, bien implacable.

— Mademoiselle Louisanne vous hait parce qu'elle doit vous haïr, parce qu'il est impossible qu'elle ne vous haïsse point. A la Nouvelle-Orléans comme sur les bords de la Sèvres, le cœur humain est partout le même, capricieux, fantasque, ombrageux, amoureux des obstacles, épris de l'impossible, par-dessus tout ivre de liberté. Il veut choisir lui-même et n'entend pas qu'on choisisse pour lui. Il fuit ce qu'on désigne à son amour, il aime ce qu'on signale à sa haine. Défendez à un enfant de toucher aux fleurs de vos plates-bandes, il les saccagera toutes; permettez-lui de les moissonner, il n'en cueillera pas une seule. Voilà le cœur humain, mon jeune ami : vieux comme le monde, il est encore enfant. Je jurerais qu'à cette heure, mademoiselle Louisanne adore et veut épouser à tout prix un jeune homme qu'il lui est interdit d'aimer. Comment ne vous haïrait-elle pas? Vous-même vous la haïssez.

— Pour le coup, c'est trop fort! s'écria Valentin en riant.

— C'est comme cela, reprit le chevalier avec un imperturbable sang-froid. Descendez en vous-même, et vous verrez que vous la haïssez par la raison qui fait qu'elle vous hait. Vous êtes victimes, elle et vous, de l'ineptie de vos parents qui auraient dû savoir que l'amour ne va jamais où on lui dit d'aller. Quoique séparés par les mers, vous vous détestez comme deux forçats attachés à la même chaîne.

— Mais songez donc, monsieur le chevalier, que nos parents sont de vieux amis, frères par le cœur, sinon par le sang; songez que Louisanne et moi nous avons joué dans le même berceau.

— Eh! ventre de biche, c'est là qu'est le malheur! riposta vivement M. de Sainte-Amarante. S'il existait entre vos parents une de ces bonnes haines héréditaires qui se transmettent fidèlement de génération en génération; s'il en était de leur maison comme de deux camps ennemis; si leurs gens ne pouvaient se rencontrer sans échanger quelques gourmades; si le perfide Fléchambault machinait sourdement la ruine de Varembon; si le farouche Varembon complotait en secret la mort de Fléchambault; enfin si dès l'enfance on vous eût élevés, vous et mademoiselle Louisanne, comme deux louveteaux destinés à s'entre-déchirer, oh! alors, fussiez-vous séparés par le Caucase entassé sur les Cordilières, eût-on mis entre vous tous les monts, tous les fleuves et tous les océans du globe, vous trouveriez encore le moyen de vous voir, de vous aimer, de vous le dire et de vous épouser à la barbe de Fléchambault et de Varembon. Mais Fléchambault et Varembon sont de vieux amis; Louisanne et vous, vous avez joué dans le même berceau. Que s'ensuit-il? vous le savez déjà. Supprimez la haine des Capulet et des Montaigu, vous supprimez du même coup l'amour de Roméo et de Juliette. Adieu donc les doux entretiens à la clarté des nuits étoilées et sereines ! adieu le balcon où les deux beaux enfants mêlent leur vie dans un dernier baiser ! adieu leur effroi si charmant, quand l'horizon blanchit, quand le feuillage ému frissonne et que l'alouette matinale monte en chantant dans le bleu du ciel ! Juliette et Roméo ne sont plus que deux fiancés vulgaires, dès le berceau condamnés au mariage, et qui doivent finir par s'exécrer mutuellement, pour peu qu'ils obéissent à la physiologie des passions.

— Encore une fois, monsieur le chevalier...

— Que voulez-vous? C'est la commune loi. Vous aurez beau vous révolter, il faudra bien que vous la subissiez. Vous ne changerez pas les conditions de la vie humaine. Le cœur est à gauche; vous ne le mettrez pas à droite. Quand donc deux amis ont-ils réussi à marier leurs enfants? Le fils d'Oreste a-t-il épousé la fille de Pylade? Le neveu de Damon la nièce de Pythias? Vous n'épouserez pas davantage la fille de M. Varembon, et vous aurez raison, vertu-Dieu! Comme vous, je fus fiancé, dès l'âge de dix ans, à une petite fille au maillot, qui partait pour Pondichéry. En grandissant, nous nous prîmes l'un l'autre en aversion si profonde, qu'à son retour nous refusions de nous voir. Je la savais belle pourtant, et c'était l'avis général que nous eussions fait un couple délicieux.

Ainsi, dans toutes les entrevues qu'il avait avec Valentin, le chevalier paraissait s'appliquer à jeter dans l'esprit de ce jeune homme des germes funestes qui ne tardaient pas à se développer. Dans tous leurs entretiens, il ne manquait jamais de lui traduire en aventures la grave histoire de la vie, de lui présenter le monde comme un vaste atelier de romans en action. Valentin mordait à tous ces beaux discours avec l'avidité curieuse des jeunes imaginations. Grâce aux enseignements d'un pareil Mentor, il en vint bientôt à se demander avec une sourde colère si sa jeunesse devait se consumer sous le toit de son oncle. En descendant au fond de son cœur, comme le chevalier lui avait conseillé de le faire, il découvrit un jour qu'en effet il haïssait Louisanne, que Louisanne devait le haïr, et il se révolta secrètement contre l'égoïsme et la tyrannie de M. Fléchambault. Ce n'était plus le doux et bon jeune homme que nous avons connu. Impatient de se mêler à tous les drames, à toutes les passions dont ses lectures assidues lui avaient révélé l'existence, honteux de son inaction, surtout quand il songeait qu'à dix-huit ans le chevalier avait enlevé déjà la petite vicomtesse de Maflé, il était devenu tout-à-coup brusque, emporté, taciturne, irritable. Il n'avait plus goût aux distractions qu'autrefois il aimait. Pour lui, la chasse n'était plus qu'un prétexte pour partir le matin, lancer son cheval au galop, et gagner la profondeur des bois qu'il remplissait tout entiers de l'agitation de ses rêves. Ce n'était plus la blonde image de Louisanne qui lui souriait au bout des avenues; ce n'étaient plus les joies de la famille qu'appelait sa pensée inquiète; ce n'était plus la fumée du toit domestique que cherchait son regard au prochain horizon. Ces gracieuses peintures, ces fraîches perspectives ne suffisaient plus à son ambition. La soif de l'inconnu embrâsait ses sens et dévorait son âme. Il évoquait toutes les pâles héroïnes sorties du cerveau des romanciers et des poètes; il criait leurs noms à tous les échos. Parfois il mettait pied à terre, et se jetait sur le gazon qu'il mouillait de ses pleurs.

S'il passait devant un château triste et recueilli au fond d'une cour silencieuse, il s'évertuait à deviner quel drame ténébreux se tramait ou s'accomplissait entre ces murs sombres et désolés. Apercevait-il une blanche figure accoudée sur l'appui d'une fenêtre ouverte, c'était sans doute une tendre victime, épiant la venue d'un ange consolateur. Partout il ne rêvait que drames, romans, intrigues, aventures ; sous la surface des lacs les plus clairs et les plus limpides, il entrevoyait des abîmes. La nuit, errant par les sentiers déserts, il s'attendait à voir surgir à chaque tournant de haie quelque apparition fantastique. Il tombait en arrêt devant la robe satinée des bouleaux. S'il rencontrait dans son chemin un meunier attardé qui retournait chez lui au trot de son bidet, il se disait que sous cette enveloppe enfarinée il y avait peut-être une destinée brisée, un cœur flétri, une âme dévastée. Enfin, il n'était pas jusqu'au digne M. Fléchambault que Valentin n'observât avec défiance et curiosité : Valentin soupçonnait violemment ce brave homme d'un passé rempli de mystères.

# CHAPITRE IV

4

Un soir qu'après souper ils devisaient ensemble, assis l'un près de l'autre :

— Mon oncle, dit Valentin, vous n'avez pas toujours vécu dans ces campagnes ? vous avez été jeune, votre jeunesse s'est écoulée au milieu des hommes. Vous avez dû voir des choses bien extraordinaires ;

vous avez dû vous trouver mêlé à des évènements bien étranges ?

— Oui, répondit M. Fléchambault, je me suis trouvé mêlé à des catastrophes auxquelles j'étais loin de m'attendre. Entr'autres, je te citerai la faillite de la maison Grappe et compagnie, faillite dans laquelle je perdis plus de cent mille francs. Ce fut un coup de foudre sur la place de Nantes. Je n'oublierai jamais comment j'en reçus la nouvelle. J'étais occupé à me faire la barbe; tout à coup entre Varembon, qui se jette dans un fauteuil, en s'écriant : « Grappe a manqué! » Je montrai, en cette circonstance, une force d'âme digne des plus beaux temps de la république romaine.

— Que fîtes-vous, mon oncle ?

— Je ne soufflai mot et continuai de me raser.

— Mon oncle, reprit Valentin, que des catastrophes de ce genre n'intéressaient point, vous avez dû assister à des drames plus émouvants, vous avez dû traverser des orages autrement terribles ?

— Je ne saisis pas bien le fil de tes idées, répliqua M. Fléchambault. Quel rapport vois-tu entre la faillite de la maison Grappe, les drames auxquels j'ai assisté et les orages que j'ai pu traverser ? J'ai vu jouer plusieurs drames qui m'ont beaucoup ému, mais pas un seul qui m'ait autant remué que la perte de mes cent mille francs. Quant aux orages qui m'ont assailli, je me souviens surtout d'un coup de vent...

— Vous ne m'entendez pas, mon oncle. Je vous parle des orages du cœur, des drames de la passion.

— Ma foi, mon garçon, repartit M. Fléchambault, je t'avoue humblement que je n'ai jamais vu de drames qu'au théâtre, et que les orages du cœur m'ont toujours laissé fort tranquille. J'ai lutté, j'ai travaillé ; trois fois au moins j'ai réédifié ma fortune. J'ai fait un peu de bien : je n'aurai pas été tout à fait inutile. Aussitôt que je l'ai pu, je me suis retiré aux Cormiers ; tu connais la façon dont je vis. En deux mots, voilà mon histoire. Qu'il me soit permis d'assurer ton bonheur, que je puisse vieillir auprès de Varembon, entre toi et ta jeune femme; que je sois témoin de vos joies et de vos tendresses; que je voie, avant de m'éteindre, une nichée de petits enfants égayer ma table et mon foyer, et je rendrai à Dieu une âme satisfaite de son passage sur la terre.

A ces mots, Valentin, attendri jusqu'au fond de l'âme, se jeta dans les bras de son oncle. Il venait d'entrevoir, par une intuition rapide, combien cette existence simple et bornée, honnête et laborieuse, surpassait en grandeur, en dignité, en vraie poésie, toutes les folies, toutes les équipées du chevalier de Sainte-Amarante. Il compléta dans son cœur le récit trop modeste de M. Fléchambault. Il se rappela tout ce que cet excellent homme avait été pour lui, et, au souvenir de tant de dévoûment et de sollicitude, il se pressa avec amour contre le sein qui l'avait recueilli.

— Il a raison, se disait-il; il a raison, et c'est lui qu'il faut croire. Le bonheur est là, sur le bord de la Sèvres, au fond de ces campagnes. Que m'importent les agitations du monde, les complications de la vie? J'épouserai Louisanne, j'aurai de beaux enfants, et les yeux de mon oncle se fermeront doucement sur le tableau de nos félicités.

Hélas! ce retour aux idées sereines ne devait pas être de longue durée. A quelques jours de là, Valentin retourna chez le chevalier, qu'il trouva se promenant dans son jardin. M. de Sainte-Amarante ne s'était pas depuis longtemps senti en si gaillarde humeur. Depuis près d'une semaine, la goutte, son ennemie intime, lui avait accordé une trêve qui n'était pas encore expirée. Du plus loin qu'il aperçut le jeune visiteur, il courut à lui comme il eût pu le faire à vingt ans. En moins d'une heure il eut battu en brèche et démoli pièce à pièce les bonnes résolutions du neveu de M. Fléchambault.

— Pardieu! s'écria le chevalier, si vous consultez les honnêtes bourgeois au milieu desquels vous avez végété jusqu'ici, ils vous diront que le bonheur est parmi eux, et ils seront de bonne foi. L'huître est heureuse, elle aussi, sur son banc. Ne consultez que vous. Pour s'échapper de son nid, l'aiglon prend-il conseil de l'escargot? Le monde vous est ouvert; allez où votre instinct vous pousse, allez où la vie vous attend.

— Où voulez-vous que j'aille? demanda Valentin avec hésitation.

— Où vont, irrésistiblement attirés, l'amour, l'esprit, la beauté, la jeunesse! Où affluent toutes les passions, où convergent toutes les intelligences, où se rendent en pélerinage, comme à la Mecque ou au

Saint-Sépulcre, toutes les âmes avides d'émotions, de fêtes et d'enchantements ! A Paris, jeune homme, à Paris ! C'est là que les rêves de l'imagination pâlissent et s'effacent devant les trésors de la réalité ; c'est là que l'histoire humilie le roman ; enfin, c'est là qu'il faut goûter la vie, pour ne pas mourir avant d'avoir vécu.

— Ainsi, monsieur le chevalier, vous me conseillez de partir pour Paris?

— Je vous le conseille, je vous en prie ; si vous étiez mon fils, je vous l'ordonnerais. Je souffrirai de ne plus vous voir. Votre présence me réjouissait. Vous aviez versé dans mes veines quelques gouttes de votre jeune sang. Mais je ne suis pas égoïste ; je ne ressemble pas à M. votre oncle... C'est un meurtre d'enfouir à vingt ans un joli jeune homme que le monde et les plaisirs réclament. Révoltez-vous, brisez votre chaîne et partez. Un jour vous me direz vos aventures ; je jouirai de vos succès en vous les entendant raconter.

— Le chevalier a raison, se disait Valentin ; il a raison, c'est lui que je dois croire. Mon oncle est un excellent homme, mais profondément égoïste ou qui n'entend rien aux choses d'ici-bas. Si je commence par le mariage, par où finirai-je ? j'ai végété assez longtemps, je veux vivre ; je veux savoir, je veux connaître ; je ne veux pas mourir avant d'avoir vécu.

Comme Valentin allait se retirer :

— Tenez, dit M. de Sainte-Amarante en lui tendant un volume nouveau qu'il avait reçu la veille, et qu'il s'était hâté de lire, jetez les yeux sur ce petit roman, vous aurez un aperçu des délices que vous préparent M. votre oncle et M. Varembon.

Ce livre, où tous les ennuis, tous les déboires, toutes les déceptions, toutes les tribulations du mariage et de la famille étaient accumulés à plaisir, analysés avec acharnement, acheva d'exaspérer Valentin. Sa résolution était prise : la crainte d'affliger son oncle pouvait seule le retenir. Quelques temps encore, sa bonne nature l'emporta ; mais que pouvait-il contre les provocations incessantes de la jeunesse qui s'agitait en lui, sous l'aiguillon des romans modernes? Que pouvait-il contre les suggestions du chevalier qui ne lui laissait ni paix ni trêve, comme si les vingt ans de ce jeune homme n'eussent pas suffi pour exciter son cœur et ses sens.

Un matin, il entra chez M. Fléchambault et lui déclara tout net qu'il voulait aller à Paris.

M. Fléchambault avait remarqué depuis longtemps le changement qui s'était opéré dans le caractère et l'humeur de son neveu. Il n'ignorait pas les visites fréquentes de Valentin chez le chevalier.

Plus d'une fois il l'avait surpris, abîmé dans ses lectures, et il ne s'était pas gêné pour lui dire son sentiment ; mais dans les conseils et les remontrances de son oncle, Valentin n'avait jamais vu qu'un parti pris, une manœuvre plus ou moins habile pour le confiner au logis, une façon de lui persuader que le monde ne s'étendait pas au-delà du cercle étroit qui l'enveloppait, qui l'emprisonnait de toutes parts. M. Fléchambault était loin de se douter du trouble que les romans et le chevalier avaient jeté dans l'imagination de ce jeune homme. Toutefois, bien qu'il ne fut pas la clairvoyance même ni la perspicacité en personne, il n'eut pas de peine à démêler les motifs de sa résolution.

— A Paris! s'écria-t-il; et que veux-tu aller faire à Paris? Pour n'y être jamais allé, je ne m'en porte pas plus mal. N'es-tu pas bien ici? que te manque-t-il? J'ai reçu hier une lettre de Varembon, qui parle de son prochain retour. C'est au moment où le bonheur va frapper à ta porte que l'idée te prend de partir?

— Je ne renonce pas au bonheur que vous me destinez; s'empressa de répondre Valentin qui ne voulait pas ruiner du même coup toutes les espérances de son oncle; mais vous savez aussi bien que moi qu'on ne se marie pas à mon âge.

— Pourquoi donc cela, mon neveu?

Pour entrer en ménage, fin duvet au menton vaut mieux que barbe grise.

— Songez que j'ai vingt-un ans tout au plus.

— Aussi n'est-il pas question de te marier aujourd'hui ou demain. D'abord il faut attendre le retour de Louisanne ; ensuite, il vous faudra plus d'un jour pour apprendre à vous connaître, à vous aimer.

— Eh bien ! mon oncle, permettez-moi d'aller passer à Paris le temps qui doit s'écouler jusqu'à l'arrivée de Louisanne aux Cormiers. En vue même de notre bonheur, vous céderez au désir que j'éprouve de voir la vie de près, de me mêler un peu au courant des choses et des hommes.

— Voir la vie de près! s'écria M. Fléchambault; et que fais-tu donc, depuis vingt ans que tu es au monde? Te mêler au courant des hommes et des choses! Tu me parlais, voilà quelques mois, des orages du cœur, des drames de la passion; je jurerais que c'est ce vieux fou de Sainte-Amarante qui t'a tourné la tête avec ses bouquins! Je n'ai lu qu'un roman; ce roman s'appelait *Don Quichotte.* Je me souviens surtout d'un passage de ce livre, auquel je ne songe jamais sans attendrissement : c'est le chapitre où le héros de la Manche revient chez lui après sa première excursion. Il revient roué de coups et s'arrête au milieu de la cour à regarder avec mélancolie ses plates-bandes de fleurs et de légumes, ses canards qui barbotent dans la mare, sa nièce et sa gouvernante qui ravaudent leurs bas sur le seuil de la porte : d'un côté, la poésie qui était allée courir les champs et qui rentre éclopée, n'en pouvant plus et traînant l'aile ; de l'autre, la prose qui est restée au logis les pieds dans la flanelle, et qui n'a pas enrhumé son bonheur.

— Mon oncle, dit Valentin qui avait compris l'apologue, mieux vaut la poésie qui rentre rouée de coups, éclopée et n'en pouvant plus, que la prose, grasse et bien nourrie, qui ravaude ses bas sur le pas de sa porte.

— C'est possible, répliqua M. Fléchambault : seulement, entre la prose qui ravaude et la poésie qui se bat contre des moulins à vent, il y a peut-être quelque chose à trouver.

Après une discussion assez animée, M. Fléchambault, comme toujours, finit par céder, car il est à remarquer que cet oncle terrible, secrètement soupçonné d'égoïsme et de tyrannie, n'avait depuis vingt ans d'autre occupation que de souscrire à toutes les fantaisies de Valentin, de se prêter complaisamment à tous ses caprices. Il se dit qu'en fin de compte, Valentin pouvait avoir raison; que l'existence qu'il menait aux Cormiers ne pouvait suffire à l'activité de ses vingt printemps, et qu'un an ou deux passés à Paris développeraient son esprit, rectifieraient ses idées, compléteraient son éducation. Il alla jusqu'à s'accuser de n'avoir pas conseillé lui-même à son neveu de prendre ce parti.

— Va donc à Paris, lui dit-il. Etudie le monde, apprends à le connaître : tu apprécieras mieux, au retour, la paix de notre vallée et la fraîcheur de nos ombrages. Garde ton cœur pur et honnête ; garde-le bien, pour l'offrir à la jeune fille qui t'apportera la virginité de son âme. Marche au grand jour dans le droit chemin.

Valentin coupa court à cette homélie en sautant au cou de son oncle.

La veille de son départ, il alla faire ses adieux au chevalier de Sainte-Amarante qui l'embrassa et lui donna sa bénédiction, avec l'aplomb et le sang-froid du patriarche de Ferney, bénissant le fils de Francklin.

# CHAPITRE V

## V

Le voyage de Valentin fut un enchaînement de rêves enchantés. Pour nous en tenir aux images du chevalier de Sainte-Amarante, l'aiglon qui s'échappe de son nid et prend pour la première fois possession de l'espace, n'est pas plus ivre de liberté et d'immensité que ne le fut le neveu de M. Fléchambault, lorsqu'il se sentit emporté vers Paris, au galop des chevaux. On eût dit qu'il partait en coupé de diligence pour aller conquérir le monde. A la barrière de Passy, il s'étonna bien un peu d'avoir pu faire plus de cent lieues sans rencontrer le long du chemin l'apparence d'une aventure ; mais quand la voiture, après avoir côtoyé les Champs-Élysées, traversa la place Louis XV qu'inondait de lumière un soleil éclatant, quand Valentin, la tête à la portière, vit la foule qui se pressait dans les contre-allées, les équipages qui couraient au bois, les amazones au corsage élancé, qu'escortaient des cavaliers jeunes et beaux comme elles, il comprit que la vie était là, en effet, et que le chevalier ne l'avait pas trompé. Il s'installa sans luxe, mais avec élégance. Sa jeunesse, sa bonne mine, ses façons honnêtes jointes aux lettres de recommandation que s'était procurées son oncle, lui ouvrirent bientôt l'intérieur de quelques familles. Dès les premiers jours, pour se conformer aux instructions du chevalier, il avait fréquenté le tir de Lepage et pris des leçons de Grisier. Sûr de sa main et de son coup-d'œil, il se tenait prêt à tout évènement. Ainsi le chasseur prend toutes ses mesures pour que la chasse soit heureuse. Le vent est bon, la meute a le nez fin, la poudre est sèche, l'arme porte à coup sûr ; pour que la chasse soit heureuse, il ne reste plus qu'à trouver du gibier.

Hélas ! le séjour de Valentin à Paris, ne devait être qu'une longue série d'amères déceptions.

Il y a des gens à qui tout arrive; ils sont les enfants gâtés de l'imprévu, les élus de l'impossible, les privilégiés du hasard. Le drame et le roman s'acharnent à leurs pas; le fantastique et le pittoresque les poursuivent partout où ils vont. Les péripéties les plus bizarres, les évènements les plus inattendus, composent le menu de leur existence; chacun de leurs jours est un chant de l'Iliade ou de l'Odyssée. A côté de ces gens heureux, il en est d'autres qui semblent, dès le berceau, condamnés à se traîner, jusqu'à la tombe, dans l'ornière de la banalité. Tout ce qu'ils tentent pour en sortir ne sert qu'à les y enfoncer plus avant. Ils sont au ban de l'imprévu; le drame les repousse, le roman leur tourne le dos. Où les premiers trouveraient le sujet d'un

poëme, ils passent sans rien voir, le nez en
l'air et les mains dans leurs poches. Pour
eux, la vie n'est qu'un grand chemin dont
toutes les étapes sont signalées et connues
d'avance. Pour eux, chaque jour qui s'écoule est à la fois l'histoire de la veille et
l'histoire du lendemain.

La fatalité voulut que Valentin qui, par
le développement de son intelligence, appartenait de droit à la classe des prédestinés à qui tout arrive, appartînt par le fait
à la catégorie de ceux à qui il n'arrive rien :
elle voulut que ce jeune homme, que son
imagination entraînait invinciblement vers
les régions de l'inconnu, se sentît rivé sur
le sol de la réalité la plus plate et la plus
incolore, comme un oiseau retenu par un

fil à la patte, et qui s'efforce vainement de gagner les plaines de l'air.

Sur la foi de ses lectures et de ses entretiens avec le chevalier, il s'était représenté la société comme un immense théâtre où les passions combinées à l'infini arrivent tous les jours, à toute heure, aux effets les plus dramatiques et les plus saisissants. Il s'était figuré surtout que l'amour est l'unique pivot sur lequel tourne le monde. C'est vers l'amour qu'il avait dirigé tous ses rêves, toutes ses ambitions, non pas vers l'amour heureux qui lui semblait la plus sotte chose qu'on pût imaginer, mais vers l'amour tourmenté, hérissé d'obstacles, plein de mystères et de terreur, vivant dans la tourmente et se dénouant par un coup de foudre. L'histoire de la marquise de Miraflor avait fait sur lui une vive impression; quoique d'un naturel très doux et très honnête, il s'était surpris plus d'une fois à envier la scélératesse du vicomte de Clochebourde. Il croyait aux femmes incomprises, aux maris féroces, aux jeunes filles sacrifiées par des parents barbares, et sacrifiant à leur tour fortune, rang, position, famille, pour suivre dans la montagne un amant malheureux et proscrit. Quant aux aventures de cape et d'épée, pour nous servir des expressions favorites du chevalier, Valentin était convaincu qu'elles couraient les rues et les boulevarts. Il avait calculé avec complaisance toutes les chances de duel auxquelles un galant homme est exposé entre le lever et le coucher du soleil.

Il rêvait des provocations héroïques, des rencontres chevaleresques. Il se voyait blessé, couché sur le gazon, puis transporté dans une villa prochaine où les soins les plus touchants le rappelaient à la vie, où quelque blanche main étanchait en tremblant le sang de ses blessures. Il ne devait pas tarder à reconnaître la folie de ses illusions, le néant de ses espérances. Une société maussade et compassée, uniquement occupée de ses intérêts matériels; des liaisons banales, des relations vulgaires; l'argent au fond de tout; de l'amour sans passion, des passions sans amour; des mœurs effacées comme de vieux pastels; de la corruption sans grâce et des intrigues sans esprit; des maris débonnaires, des femmes suffisamment libres, des jeunes filles très positives, plus avides que leurs parents de luxe et de bien-être : l'ennui, comme une orfraie, planant sur tout cela; puis, de loin en loin, un intérieur modeste, un foyer chaste et paisible, une famille étroitement unie, voilà ce que trouva Valentin.

Pas le plus petit drame ni le plus pâle roman ! Pas la trace d'une aventure ! Rien qui tranchât sur le fond terne et monotone de la vie ! Toujours le même vent, tiède et mou; toujours le même flot, morne et lourd; toujours le même ciel, gris et blafard ! Vainement Valentin appelait la tempête; tout restait calme autour de lui. Vainement il se débattait sous la trivialité de son destin; il s'y brisait le front sans pouvoir en soulever le poids.

Je n'en finirais pas si je voulais raconter tous les désappointements qu'essuya Valentin pendant son séjour à Paris; je me contenterai d'en citer un seul entre mille.

On sait que tous les villages des environs de Paris ont chaque année leur fête patronale. Le programme des divertissements est tous les ans et partout le même. Dès le matin, la garde nationale de l'endroit est sur pied, car en France il n'est pas de réjouissance publique, surtout à la campagne, si l'on n'y voit des pantalons à liseré rouge, des shakos et des baïonnettes. Le dieu Pan se coiffe du casque de Bellone, et les faunes et les sylvains, réveillés au bruit du tambour, s'empressent de revêtir l'uniforme du soldat citoyen. Au coup de midi, la fête rustique est dans tout son éclat. Sur un emplacement planté de tilleuls ou de marronniers, la jeunesse de la commune s'exerce à courir dans des sacs, ou, les yeux bandés, à casser des œufs avec un bâton. M. le maire, ceint de son écharpe, préside à ces jeux naïfs qui rappellent sans prétention les jeux olympiques de l'antiquité grecque; il distribue aux vainqueurs le prix de leur adresse, et sait trouver pour les vaincus des paroles de consolation où respire presque toujours une douce philosophie. Cependant la foule se presse devant les tréteaux des saltimbanques; les enfants se groupent avec convoitise autour des roulettes de macarons; sous les ramées, le vin rougit les verres ; de temps en temps un mousquet enrhumé tousse en l'honneur du patron du hameau.

Quand la chaleur du jour commence à tomber, châteaux, villas, cottages des alentours s'ouvrent comme des volières, et il s'en échappe une nuée de jolis oiseaux qui vont s'abattre sous les tilleuls ou sous les marronniers de la fête. Les robes de gaze et de mousseline se mêlent aux robes d'indienne et d'organdi ; les chapeaux de paille d'Italie se confondent fraternellement avec les bonnets de tulle. Bientôt une vaste tente, jusque-là silencieuse et déserte, se remplit de bruit et de mouvement : les quinquets s'allument, l'orchestre détonne; c'est le bal champêtre où l'on se rend de deux ou trois lieues à la ronde, et souvent même de Paris. En général, ces bals ont cela de charmant qu'ils montrent combien le plaisir vit de peu et se passe aisément de diamants et de salons dorés. Je les préfère de beaucoup aux grands bals de la finance et de la bourgeoisie. On s'y amuse sans façon, on y danse à la bonne franquette. Dans le même quadrille, le gant de peau de Suède donne la main au gant de fil écru; damoiselles et villageoises sont égales devant les violons. On se retire au point du jour; on s'en va comme on est venu, le long des haies, à travers champs. Les étoiles pâlissent; l'orient s'égaie et se colore; les oiseaux chantent à plein gosier dans la fraîcheur embaumée du matin.

Valentin avait déjà dépensé tout un automne et tout un hiver à la poursuite du roman qui semblait fuir devant lui comme Ithaque devant Ulysse. Au retour de la belle saison, il s'était mis à battre les campagnes environnantes, avec l'espoir de faire lever quelque aventure, comme un lièvre dans les sillons. Un soir d'été, après avoir chevauché tout le jour dans les bois qui environnent les hauteurs de Bougival, il tomba au milieu d'une de ces fêtes dont je viens de parler. C'était à la Celles-Saint-Cloud, un des plus jolis villages éparpillés autour de Paris.

Attiré par le bruit des instruments, Valentin entra dans la salle du bal. Au bout d'une heure de muette observation, il songeait à se retirer, quand tout à coup il resta cloué sur place devant une apparition céleste.

Apparition céleste en effet! Un ange, une sylphide, quelque chose, s'il est possible, de plus vaporeux et de plus éthéré, un nuage, un flocon de neige, un fil de la vierge! Non, jamais les poètes n'ont rien imaginé de plus suave. C'était une jeune fille qui pouvait avoir dix-huit ans au plus. Grande, mince, élancée, souple comme un roseau, à peine paraissait-elle toucher à la terre; à chacun de ses mouvements, on eût dit qu'elle allait s'envoler. Des cheveux blonds comme l'or des épis, tombaient à profusion le long de ses joues, plus blanches que les pétales d'un camélia : ses grands yeux, d'un bleu pâle, semblaient taillés dans l'azur d'un doux ciel d'automne. Sa bouche, épanouie dans un demi sourire, laissait voir un double rang de perles fines. La mélancolie résidait sur son front d'albâtre. Ce qu'il faut renoncer à peindre, c'est je ne sais quoi de triste et de rêveur répandu, comme une brume transparente, autour de l'enchanteresse. Le cavalier qui lui donnait le bras, contrastait singulièrement, bien qu'il fût jeune et beau, avec la grâce un peu souffrante de cette frêle créature. Il portait haut la tête, marchait la poitrine en avant et relevait fièrement sa brune moustache, tout en promenant sur l'assemblée un regard vainqueur.

Valentin comprit sur-le-champ qu'il avait devant lui la fée de ses rêves, l'héroïne de sa destinée. En moins d'une heure il eut appris tout ce qu'il désirait savoir. Cet ange aux cheveux d'or, cette sylphide aux yeux d'azur était mademoiselle Elodie de Longpré ; le cavalier qui l'accompagnait était M. Oscar de Longpré, son frère, officier de dragons, pour le moment en garnison à Paris. Depuis trois ans, mademoiselle Elodie passait la belle saison à la Celles-Saint-Cloud, avec son père et sa mère, M. et madame de Longpré ; elle tenait depuis trois ans le sceptre de la beauté dans ce petit pays où les jolis visages ne manquent pas. Ce nom d'Elodie acheva d'exalter l'imagination de Valentin. Elodie! ce nom seul eût suffi pour éveiller dans son cœur toute une couvée d'espérances.

Pendant que M. Oscar voltigeait de belle en belle, Valentin rôdait comme un jeune loup autour de mademoiselle de Longpré, la couvait des yeux et se sentait près de défaillir, toutes les fois qu'il rencontrait le regard de la blonde beauté. Enfin, après bien des marches et des contremarches, il osa s'incliner devant elle et solliciter la faveur d'une contredanse. En cet instant, l'orchestre appelait les danseurs; mademoiselle Elodie se leva nonchalamment et laissa tomber sa main dans celle de Valentin, qui tressaillit des pieds à la tête et pensa qu'ils allaient tous deux prendre leur vol vers le ciel.

Mademoiselle Elodie ne dansait pas, elle se mouvait comme une ombre. Valentin se creusait la cervelle pour entamer l'entretien d'une façon un peu relevée. Il avait à choisir entre une réflexion sur la physionomie du bal et une remarque sur la température de la journée. Par un trait d'audace et de génie, le neveu de M. Fléchambault sut éviter ces deux écueils qui sont le Charybde et le Scylla de la contre-danse. Il débuta vaillamment par une phrase sur la beauté du pays qu'il visitait pour la première fois; il poussa même la hardiesse jusqu'à se féliciter du hasard qui

l'avait amené dans ces parages délicieux.
Mademoiselle de Longpré, sans se laisser
troubler par les hauteurs où la conversation venait de s'engager, répondit que ce
pays était charmant en effet. Tous deux
s'accordèrent à reconnaître que ce coin de
terre rappelait la Suisse, qu'ils n'avaient
vue ni l'un ni l'autre. Une fois en si beau
chemin, Valentin ne s'arrêta pas ; il ajouta
que c'était là sans doute qu'il fallait chercher le bonheur. Mademoiselle Elodie répliqua par quelques mots sur le bonheur,
pleins d'à-propos et de mélancolie. Sa voix
était douce comme les soupirs du vent
dans les saules. Toutes ses paroles révélaient une âme tournée vers les grands
sentiments. La contredanse durait encore,
et déjà Valentin n'était plus maître de son

cœur; il l'avait perdu entre la poule et la pastourelle.

Le bal champêtre touchait à sa fin. Mademoiselle de Longpré venait de sortir, appuyée sur le bras de son frère Oscar; Valentin l'avait suivie des yeux, comme une blanche apparition qui va s'évanouir aux premières clartés du jour. C'en était fait pour lui du charme de la fête. Son cheval l'attendait à la porte; il sauta en selle et partit au galop.

De retour à Paris, il s'empressa de dresser le plan de la campagne qu'il allait ouvrir.

S'introduire honnêtement dans la famille de Longpré, gagner le cœur de la jeune fille et l'estime des parents, déclarer ses prétentions, se faire agréer, épouser Elodie, puis tâcher d'être heureux en ménage, voilà ce qu'eût imaginé un esprit simple et bourgeois, une intelligence étroite et bornée.

Voici ce qu'imagina Valentin :

Avant tout, s'introduire chez les Longpré par quelque moyen romanesque. Par exemple, Elodie est emportée dans les bois par l'ardeur de son cheval : elle va périr, la tête fracassée contre un arbre, quand tout-à-coup paraît Valentin. Il saisit par le mors le fougueux animal et reçoit dans ses bras l'amazone éperdue qu'il ramène chez ses parents. Au bout d'une heure de marche, Valentin pâlit et chancelle ; ses jambes se dérobent sous lui ; il tombe sur le gazon. Elodie pousse un cri : elle vient de découvrir que le courageux étranger à qui elle doit la vie s'est grièvement blessé en la sauvant. En effet, le gilet de Valentin est taché de sang. Elodie veut faire une compresse de son mouchoir de batiste, enrichi de dentelles et brodé sur un coin aux armes de sa maison. « Ce n'est rien, dit Valentin pour la rassurer, une égratignure, moins que rien. » Et il se traîne jusqu'au château de M. de Longpré, où il perd tout à fait connaissance en entrant. L'égratignure est une plaie profonde. M. et madame de Longpré s'empressent autour du sauveur de leur fille, tandis qu'un serviteur part à franc étrier pour aller chercher à Paris M. Lisfranc ou M. Blandin.

Voilà donc Valentin installé au cœur de la place. Sa convalescence est longue ; il voit Elodie tous les jours. Il semble de prime-abord que l'aventure ne se prête pas à de bien grandes complications, à de bien longs développements. Valentin est jeune, galamment tourné, et peut se présenter partout avec avantage. Unique héritier d'un oncle qui l'adore, il aura cent mille écus de dot et quarante mille livres de rente à la mort de M. Fléchambault. Il aime Elodie, qui ne le hait pas ; qu'ils se marient et qu'on n'en parle plus. Ainsi devraient se passer les choses, abandonnées à leurs cours naturel ; mais c'est ici qu'on va voir quel beau profit avait tiré Valentin de ses lectures et de ses entretiens avec le chevalier de Sainte-Amarante.

Valentin veut être aimé pour lui-même. Il est las de voir les mères l'accueillir avec un sourire complaisant et le désigner à l'amour de leurs filles, uniquement parce qu'il est le neveu d'un ancien armateur, ayant fait fortune sur la place de Nantes. Depuis longtemps il envie en secret les destinées maudites ; il voudrait être marqué du sceau de la fatalité, à la condition de s'entendre dire par une voix aimée : Malheureux et proscrit, je t'aime et te suivrai partout. Il se donnera donc dans la famille de Longpré pour un infortuné dont la naissance est restée enveloppée d'un voile impénétrable, sans parents et sans amis, sans passé et sans avenir, pauvre, déshérité, vivant, au hasard, de secours mystérieux dont il ne connaît pas la source. Les choses ainsi posées, tout s'emmêle, tout s'embrouille, tout se complique. Les Longpré sont de bonne race, entichés de leurs titres, entêtés dans tous les préjugés de leur caste. Aussitôt qu'ils s'aperçoivent de l'amour d'Elodie pour Valentin, ils se montrent impitoyables. Valentin enlève Elodie. Oscar, qui prend mal la plaisanterie, monte à cheval avec son grand sabre et court après les fugitifs. Qu'arrive-t-il, que n'arrive-t-il pas, jusqu'au moment où la vérité se découvre ! Que d'incidents ! que de traverses ! que de péripéties! Et quel moment que celui où Valentin, près d'être égorgé par l'implacable Oscar, renonce à son incognito, et déclare à la face du ciel qu'il est le neveu de M. Fléchambault! Oscar rengaîne, la colère de Longpré s'apaise, et la tendre Elodie, qui croyait suivre sur la terre étrangère un malheureux banni, tombe, folle de joie, dans les bras de son amant qui regrette tout bas de n'être pas le fils d'un prince, pour compléter l'aventure, et parfaire le dénoûment.

Ce plan, une fois arrêté, Valentin, sans plus tarder, entra en campagne.

Il avait établi son quartier-général et le centre de ses opérations à Bougival, dans une maisonnette dont les fenêtres s'ouvraient sur le cours de la Seine. Tous les matins, il partait de son pied léger, gravissait la côte de la Celles-Saint-Cloud, et gagnait les bois où il espérait rencontrer Elodie. Il rentrait tous les soirs au gîte sans avoir rencontré personne.

Un jour enfin, ô jour trois fois heureux! comme il s'approchait d'un petit lac perdu au milieu de ces agrestes solitudes, il aperçut, à travers le feuillage des aulnes et des trembles, deux femmes assises sur le bord de l'eau. Valentin reconnut Elodie et devina madame de Longpré. C'était en effet madame de Longpré et sa fille. Tout en devisant, la mère caressait sur ses genoux un de ces abominables roquets de race anglaise qui font les délices des douairières. Elodie essayait de détacher, avec le manche de son ombrelle, les fleurs de nénuphar qui étoilaient le cristal de l'onde. Elle avait déposé près d'elle son chapeau de paille à larges bords ; nu-tête et les cheveux au vent, on eût dit la naïade du petit lac sur le bord duquel elle était assise.

Debout, muet, immobile, caché par le rideau des aulnes et des trembles, Valentin attachait sur Elodie un regard fascinateur.

— Puissances célestes! se disait-il dans un élan d'exaltation solitaire, fluides mystérieux, effluves de l'âme! invisibles courants de la volonté! faites que cette blanche et blonde créature, en se penchant pour détacher les fleurs de nénuphar, tombe dans l'eau et coure le risque de se noyer, comme l'Ophélia de Shakspeare! Envoyez lui le vertige! permettez que son pied glisse! souffrez que l'abîme l'attire! qu'il me soit donné de me jeter à la nage pour la sauver! que je puisse disputer son beau corps aux tritons s'efforçant de l'entraîner au fond de leurs grottes humides! qu'il me soit accordé de le déposer sur le rivage comme un lys brisé, mais qui doit se relever et refleurir au souffle des zéphirs caressants!

Il était écrit là-haut que Valentin, en ce jour fortuné, sauverait d'une mort certaine un être adoré dont l'existence était presque indispensable au bonheur de madame de Longpré. La Providence avait décrété que ce jeune homme s'introduirait dans la famille d'Elodie, grâce à un incident tellement romanesque, bizarre, inattendu, que Valentin lui-même n'eût pas osé le prévoir.

Il arriva que Zamore (c'était le nom du chien que caressait madame de Longpré), agacé au-delà de toute expression par les grenouilles qui gambadaient entre les joncs de l'étang, eut la fantaisie de leur donner la chasse. Au moment où madame de Longpré s'y attendait le moins, le roquet mal avisé prit son élan et alla tomber comme un aérolithe, au milieu du peuple batracien. Le fluide magnétique s'était trompé d'adresse. Ce fut un plongeon formidable. Zamore disparut tout entier dans la vase. A ce lamentable spectacle, madame de Longpré se leva comme une poupée à ressort, en jetant des cris désespérés. Elodie elle-même se démenait comme une âme en peine. Que faire? quel parti prendre? Aveuglé par ses longues soies et ses longues oreilles, le malheureux Zamore se débattait inutilement dans la fange. Vainement madame de Longpré s'efforçait de lui tendre une main secourable : Zamore était trop loin, ou, ce qui revenait absolument au même, madame de Longpré avait le bras trop court. Il y eut un instant où Zamore allongea son museau désolé au-dessus du gouffre prêt à le dévorer, et tourna vers madame de Longpré un regard où se peignait toute sa détresse.

Madame de Longpré n'y tint plus.

— Zamore se noie, s'écria-t-elle d'une voix déchirante; Zamore se meurt! N'est-il personne ici pour sauver la vie de Zamore?

A ce cri, parti d'une âme aux abois, Valentin ne put se défendre d'une vive émotion. Ce n'était pas précisément l'occasion qu'il avait rêvée; il sentit bien se révolter en lui l'instinct de l'héroïsme, la poésie des grands dévouements. Toutefois il n'hésita plus, en songeant qu'en fin de compte, c'était un moyen comme un autre de gagner ses entrées sous le toit de la bien-aimée.

— C'est moi, s'écria-t-il en sortant comme un dieu de sa cachette ; c'est moi qui sauverai Zamore !

— Qui que vous soyez, jeune inconnu, comptez sur ma reconnaissance, s'écria madame de Longpré tendant vers lui deux bras suppliants.

— La mienne vous est à jamais acquise, dit à son tour Elodie qui rougit et baissa les yeux en reconnaissant son danseur.

— Je réponds de la vie de Zamore, ajouta Valentin avec une noble assurance.

Il avait mesuré d'un coup-d'œil le danger de la posiion. La position était critique, le danger imminent. Il n'y avait pas une minute à perdre. Comme un chirurgien qui se prépare à faire une opération, Valentin relève ses manchettes, puis, offrant à l'amour le sacrifice de ses bottes vernies, il s'avance résolument à travers les joncs, tandis que, sur la levée, madame de Longpré et sa fille le suivent d'un regard éperdu où éclatent tour à tour l'espérance et le désespoir. Un instant, Valentin hésite ; la terre va manquer sous ses pas ; il hésite, il s'arrête, incertain et troublé. Quelle situation ! D'un côté deux femmes éplorées qui l'encouragent du geste et de la voix ; de l'autre, Zamore qui a compris qu'on s'occupe de son salut, et qui pousse de petits jappements en signe de gratitude. Non, Valentin ne trahira pas l'espoir qu'il a fait naître dans le sein de ces trois créatures ! Il a répondu de la vie de Zamore; il sauvera Zamore à tout prix! Au risque de s'enfoncer dans la vase jusqu'à la ceinture, il va mener à bonne fin son entreprise, quand tout à coup, ô bienfait du sort! secours inespéré de la Providence qui montre son doigt jusque dans les moindres choses! il aperçoit à fleur d'eau un pavé sur lequel il peut poser le pied. Il s'empare de ce point d'appui, penche son corps en avant, étend un bras qui semble, par un miracle de la volonté, s'allonger outre mesure et prendre des proportions fantastiques. Enfin, par un suprême effort, il saisit l'oreille du carlin qu'il enlève, qu'il brandit dans l'air, et qu'il jette, comme un trophée, sur la rive, tout souillé de boue, tout dégoûtant de fange, mais vivant, mais sauvé.

Pendant que madame de Longpré lavait Zamore dans l'eau claire et limpide de l'étang, Elodie exprimait de son mieux sa reconnaissance à Valentin.

— J'accepte vos remercîments, répondit en souriant le jeune homme; il est des dévoûments trop près du ridicule pour n'être pas voisins du sublime.

— Je ne pourrai plus voir Zamore sans me rappeler votre bonne action, ajouta Elodie en levant sur lui ses beaux yeux.

— Ce n'est pas Zamore que j'espérais disputer au trépas, répliqua Valentin; Dieu m'est témoin que j'avais rêvé un dévoûment plus doux et plus facile. Cependant, mademoiselle, puisque ce joli petit animal vous est cher, je m'estime heureux d'avoir pu vous le conserver.

C'était maintenant à madame de Longpré à complimenter Valentin. Elle le fit d'une façon bruyante et passionnée. Les vœux de Valentin eussent été exaucés, il eût sauvé les jours d'Elodie, que madame de Longpré ne se fût pas exprimée avec plus de chaleur et d'entraînement. Elle partit de là pour raconter l'histoire de Zamore; elle passa en revue tous les traits d'esprit et d'intelligence de ce carlin vraiment surprenant, digne de figurer dans les annales des chiens célèbres. Il ne lui manquait que la parole, qui, Dieu merci, ne manquait pas à sa maîtresse. La bouche de madame de Longpré était une fontaine à jet continu, d'où les mots s'échappaient en flots abondants et pressés. Cependant la petite caravane avait rabattu du côté du village. Madame de Longpré parlait ; Elodie cueillait les fleurs du bois ou courait après les papillons ; Valentin la contemplait dans une adoration silencieuse ; Zamore se roulait sur l'herbe pour sécher ses longues soies encore humides. De temps en temps Valentin regardait avec un sentiment d'humiliation facile à comprendre cette affreuse bête qui allait servir de prologue au drame de sa destinée.

Arrivés sous la châtaigneraie :

— J'espère, Monsieur, dit madame de

Longpré, que vous voudrez bien venir vous reposer à la maison. En apprenant le service signalé que vous m'avez rendu, M. de Longpré ne me pardonnerait pas de vous avoir laissé partir. Peut-être aussi vous en voudrait-il à vous-même de vous être dérobé aux témoignages de sa gratitude. Enfin, Monsieur, vous ne refuserez pas de nous faire connaître le nom du sauveur de notre cher Zamore.

Aux sollicitations verbales de sa mère, Elodie ajouta les muettes sollicitations de son regard.

— Madame, répondit Valentin, le service que je vous ai rendu ne vaut pas un remerciement. C'est un bonheur pour moi d'avoir pu arracher à la mort un chien d'un esprit si fin, d'une intelligence si rare. Je fuis le monde et n'ai pas de raisons pour l'aimer. Mon nom est inconnu et ne vous apprendra rien. Toutefois, madame, puisque vous le permettez, j'aurai l'honneur de présenter mes respects à M. de Longpré. Je ne partirai pas sans avoir profité d'une hospitalité offerte avec tant de grâce et de bienveillance.

Madame de Longpré venait de s'arrêter devant la porte d'un hermitage assez mondain, situé sur le plateau de la colline et dominant tout le pays. A vrai dire, ce n'était pas le château que Valentin avait rêvé; cependant, avec son toit d'ardoise, sa façade grise et ses volets verts, la maison qu'habitaient les Longpré ne pouvait pas être, au yeux de Valentin, une déception trop amère. L'intérieur ne manquait pas d'élégance. Le jardin, bien tenu, avait trois arpents et s'ouvrait sur la châtaigneraie. Des pampres et des chèvrefeuilles tapissaient les murs de la cour.

C'était un nid fort convenable pour Elodie, la blanche colombe. Des fenêtres d'un salon fraîchement décoré, le regard plongeait dans la plus belle vallée du monde, errait sur les coteaux de Luciennes et s'arrêtait à l'horizon devant l'aqueduc de Marly, qui fait de ce paysage un tableau du Poussin, d'après la campagne de Rome.

M. de Longpré, en veste de planteur,

était occupé à écheniller les arbustes de son jardin. Décidément Zamore était passé dans cette famille à l'état de fétiche, car, à peine instruit de ce qui venait d'arriver, M. de Longpré accourut tout essoufflé dans le salon, demandant à voir Zamore et son sauveur. Il couvrit son chien de caresses et remercia Valentin avec effusion. Les choses ne devaient pas en rester là. Bientôt un serviteur parut, apportant un plateau chargé de fruits et de rafraîchissements. Valentin, assis sur un divan, contemplait avec émotion la scène patriarcale qu'il avait sous les yeux, il examinait tour à tour la face réjouie de M. de Longpré, le frais embonpoint de sa femme, la grâce d'Elodie penchée avec amour sur le dos du fauteuil où se tenait son père, la quiétude de Zamore, pelotonné en boule sur un coussin, et il se disait :

— Qu'il est donc vrai, mon Dieu, que la vie est une chose étrange! quel abîme de mystères ! quel enchaînement de circonstances qui déjouent toutes les prévisions! Voilà des gens heureux, un intérieur paisible, des parents chéris, une fille adorée. Voilà des cœurs simples, des âmes primitives où n'ont jamais grondé les orages de la passion. Eh bien! avant que l'automne ait jauni la feuille des bois, la foudre, éclatant dans un ciel d'azur, aura dévasté toutes ces existences, aujourd'hui si tranquilles. Avant que le raisin de ces treilles ait achevé de mûrir, cette belle Elodie, si calme, si sereine, se sera enfuie du foyer paternel, et ces deux époux, comme le roi de Thulé, boiront leurs larmes dans leur verre. Tout cela parce qu'il a plu au hasard de me conduire à un bal champêtre où devait venir Elodie, et sur le bord d'un étang où Zamore allait se noyer !

# CHAPITRE VI.

## VI

Valentin vivait depuis deux mois dans l'intimité de la famille de Longpré. Ses plans stratégiques étaient en pleine voie d'exécution; tout lui souriait, tout lui présageait le succès de son entreprise. Sans doute, au début de la campagne, il avait éprouvé quelques désenchantements; la campagne s'était ouverte sous des auspices moins brillants qu'il ne l'avait d'abord espéré. Au lieu de sauver Elodie, il avait sauvé Zamore; au lieu de s'introduire poétiquement dans un château à tourelles et à clochetons, il s'était introduit de la façon la plus vulgaire dans une maison bourgeoise, à façade grise et à volets verts. M. de Longpré n'était pas la plus fine fleur de l'aristocratie; sa femme se rapprochait de la noblesse moins par ses manières que par ses prétentions. Leurs aïeux se perdaient dans une nuit si profonde qu'il était impossible d'en découvrir un seul. En revanche, Elodie avait réalisé tous les rêves, toutes les espérances de Valentin : elle avait tenu magnifiquement toutes ses promesses.

Non, jamais créature plus idéale n'avait

posé le pied sur la terre. Etait-ce une fille des hommes ? N'était-ce pas plutôt un ange descendu sur notre planète pour lui montrer un échantillon du personnel des célestes régions? Son cœur était tout sentiment, son âme tout affection. Ses grands yeux bleus, constamment tournés vers le ciel, semblaient chercher la patrie absente. Bien qu'il dînât fréquemment chez M. de Longpré, Valentin ne se souvenait pas d'avoir vu cette charmante fille manger autre chose qu'un peu de crème, et quelques biscuits qu'elle grignotait quand elle était en appétit. Chez elle, les sentiments les plus calmes, les affections les plus paisibles prenaient aussitôt tous les caractères de la passion. Un jour, en présence de Valentin, madame de Longpré s'étant avisée de dire que c'était la loi de la nature que les mères mourussent avant leurs enfants, Elodie fondit en pleurs, et l'on eut bien de la peine à l'apaiser.

Elle tenait à la fois du lys et de la sensitive. Elle avait des larmes pour tous les malheurs; elle s'attendrissait sur la destinée des petits oiseaux tombés de leur nid. Une après-midi, en se promenant avec sa mère et Valentin, elle trouva, près de la Fontaine-aux-Prêtres, un perdreau blessé par le plomb d'un chasseur; elle le prit, le couvrit de baisers, et l'emporta vivant à la maison. Le soir, à dîner, on servit sur la table un magnifique perdreau rouge. Par un de ces pressentiments dont les natures éthérées sont seules susceptibles, Elodie reconnut, sous sa cuirasse de lard rissolé, le blessé qu'elle avait recueilli quelques heures auparavant. C'était lui ! M. de Longpré avait jugé à propos de le faire mettre à la broche, et, par un raffinement de cruauté digne du comte de Vergy, il en offrit une aile à sa fille. Elodie pâlit, se leva, et se retira dans sa chambre, après avoir échangé avec Valentin un regard où leurs âmes s'étaient comprises.

C'est ainsi que l'exquise sensibilité de cette aimable personne se révélait jusque dans les circonstances les plus insignifiantes. Lorsqu'elle parlait d'Oscar à Valentin, c'était avec tant d'exaltation que Valentin ne pouvait s'empêcher d'en ressentir autant de joie que de jalousie. Quels sublimes concerts n'éveillerait pas l'amour dans une âme qui savait prêter de pareils accents à la tendresse fraternelle! Que serait donc l'amante si telle était la sœur!

Elodie aimait avec la même exaltation les bois, les champs, les prés, les ruisselets coulant sous le velours des mousses, les nuages blancs et roses se jouant dans le ciel comme une troupe folâtre de cygnes et de flammants. Le chant du grillon la plongeait en de ravissantes extases; elle tombait en contemplation devant un brin de folle avoine. Son cœur, comme un vase trop plein, débordait sur la nature entière.

Cependant Valentin suivait strictement la ligne de conduite qu'il s'était tracée d'avance; il préparait peu à peu la mine qui devait éclater plus tard. Dès les premiers jours, dans ses entretiens avec les Longpré, il avait laissé tomber quelques paroles pleines de mystères. Il s'étudiait à donner à sa physionomie je ne sais quoi de sombre et de funeste; il eût voulu pouvoir imprimer sur son front le cachet de la fatalité. Parfois, au milieu de la conversation, il s'interrompait tout à coup et tombait dans un morne silence. Un jour que madame de Longpré l'interrogeait sur ses parents, pour toute réponse il se leva brusquement et alla faire un tour de jardin. De loin en loin, il attachait sur Elodie un regard satanique où se trahissaient en même temps la passion et le désespoir. En un mot, il essayait d'offrir à cette honnête famille le spectacle d'un homme comme il faut, se débattant sous le poids de la malédiction divine.

Les Longpré avaient bien commencé par se tenir sur la réserve et témoigner quelque défiance ; mais, soit que Valentin au milieu de ces étrangetés laissât percer les bonnes qualités que lui avait octroyées le ciel, soit que Zamore, dont la santé n'avait jamais été si florissante, disposât le cœur de ses maîtres à l'indulgence, toujours est-il que ces braves gens n'avaient pas tardé à montrer à leur jeune ami autant d'empressement et d'aménité que le premier jour. Oscar lui-même, qui poussait de temps en temps une pointe à la Celles-Saint-Cloud, et venait, sous ces frais ombrages, oublier pendant quelques heures les fatigues du noble métier des armes, Oscar, après avoir débuté par observer Valentin d'assez mauvais œil, avait fini par le voir sans déplaisir et lui serrait volontiers la main. Faut-il le dire? Zamore, l'ingrat Zamore, était, de toute la famille, le seul qui ne fît pas un bon accueil à son sauveur. Du plus loin qu'il l'apercevait, il montrait les dents et se hérissait comme un porc-épic. On eût dit que Zamore, digne émule du chien de Montargis, avait le pressentiment des sinistres projets que nourrissait cet hôte ténébreux.

Tout était prêt pour une explosion; il ne restait plus qu'à mettre le feu aux poudres. Quelques jours encore et la famille de Longpré sautait comme la sainte-barbe d'un navire à trois-ponts.

Déjà, dans les trop rares entrevues que leur avait ménagées le hasard, Elodie et Valentin avaient échangé le chaste aveu de leur flamme mutuelle. Dans ces entretiens, que dis-je? dans ces divins cantiques où deux âmes célébraient à l'envi les premières amours, Valentin n'avait pas trouvé Elodie au-dessous de ses ambitions. Cependant il se demandait avec effroi si la passion de la jeune héroïne ne faiblirait pas dans la dernière épreuve à laquelle il allait la soumettre, épreuve terrible devant laquelle Valentin lui-même reculait.

Un soir qu'il errait à l'entrée du village, sur le théâtre de la fête où il avait rencontré Élodie pour la première fois, Valentin aperçut, aux lueurs du crépuscule, M. et madame de Longpré qui gravissaient le coteau de Luciennes, accompagnés seulement de Zamore : il en conclut naturellement qu'Elodie était au logis. Quelques instants après, il se glissait furtivement dans la maison.

Assise dans l'embrâsure d'une fenêtre du salon, mademoiselle de Longpré se tenait accoudée sur l'appui de la croisée ouverte. Valentin s'arrêta sur le seuil pour la contempler, puis il alla s'asseoir auprès d'elle.

Ils restèrent longtemps silencieux, noyant leurs âmes dans un regard profond comme la mer. Deux larmes d'amour et de bonheur brillaient aux longs cils d'Elodie ; elles tracèrent sur ses joues deux sillons humides, et roulèrent sur son tablier de moire comme deux diamants.

— Elodie, vous m'aimez, dit enfin Valentin d'un air sombre ; vous m'aimez, je le crois. Je vous aime, vous le croyez aussi. Ah ! le sort peut déchaîner sur nous toutes ses tempêtes et toutes ses colères, quel que soit son acharnement à nous poursuivre, il ne fera pas, ô mon Dieu ! que nous en arrivions jamais à douter l'un de l'autre. Elodie, vous me suivrez partout, sans hésiter, sans demander où je vous mène. Cependant, j'ai pensé qu'avant de vous associer à ma destinée, il était de mon devoir, de mon honneur, de ma loyauté, de vous en dérouler la trame. Malheureuse enfant, savez-vous qui je suis?

— Je sais que je vous aime, répondit Elodie.

— Ne vous êtes-vous jamais préoccupée de la tristesse de mon visage? Votre regard n'a-t-il jamais essayé de percer les nuages amoncelés sur mon front? Malgré mes efforts pour déguiser le deuil de ma pensée, ne m'est-il jamais échappé devant vous un de ces mots sinistres qui brillent comme l'éclair et annoncent la foudre?

— Parfois je croyais comprendre que vous n'êtes pas heureux, et je vous en aimais davantage.

— Pas heureux, Élodie ! vous avez cru comprendre que je ne suis pas heureux ! Je suis maudit. Vous voyez devant vous un de ces êtres qui traînent le désespoir après eux. Comment sauriez-vous qui je suis, si je ne le sais pas moi-même ? Mon malheur est aussi vieux que moi. La fatalité m'a reçu dans ses bras et m'a bercé tout enfant sur son sein. Vous souvient-il d'un jour où votre mère m'interrogeait sur ma famille? Hélas! que pouvais-je répondre? Je pris le parti de m'enfuir dans votre jardin, où j'arrosai le gazon de mes larmes. J'ai grandi dans l'abandon; en grandissant, j'ai compris que j'étais au ban de la société. Vainement je me suis efforcé de conquérir une place au soleil; des haines mystérieuses, inexplicables, s'agitant dans l'ombre, me ferment toutes les avenues. J'ignore d'où je viens, je ne sais pas davantage où je vais. Maintenant, Elodie, c'est à vous de décider du parti qu'il vous reste à prendre; quelle que soit votre décision, je l'accepte d'avance.

— Mon Dieu! soyez béni! s'écria Elodie dans un transport de pieuse reconnaissance. Je n'avais pas quinze ans que déjà mon rêve était d'aimer un être misérable et proscrit ; car, Valentin, nous autres, jeunes filles, nous sommes toutes ainsi : le malheur est le filet où se prennent nos âmes. Mon ambition était de m'attacher à un arbuste battu par les autans, ployé par l'orage, découronné par le feu du ciel, et de le voir se relever et reverdir au souffle de mon amour. Encore une fois, soyez béni, mon Dieu ! Vous vous releverez, Valentin. Vous êtes pauvre, je suis riche ; vous n'avez pas de famille, je vous donnerai la mienne.

— Oh ! la naïve enfant ! s'écria Valentin avec un funèbre sourire ; oh ! l'âme confiante et crédule qui s'imagine que ses parents vont ouvrir leur maison et accorder la main de leur fille au premier malheureux qui passe !

— Mes parents sont bons, ils m'adorent et ne veulent que mon bonheur : hésiteront-ils à vous donner ma main, quand ils sauront que vous avez ma foi ?

— Et pourtant, s'ils me la refusaient! s'écria Valentin avec égarement ; si ces parents barbares ne voulaient pas d'un gendre maudit et funeste, traînant le malheur après lui ! Si ces cœurs de bronze ne se laissaient amollir ni par vos pleurs ni par mes prières ! Enfin, si votre père, comme l'ange au glaive flamboyant, me chassait de l'Eden où j'ai goûté la vie, s'il me défendait d'en repasser le seuil, alors que feriez-vous ?

— Ce que je ferais, Valentin? Vous demandez ce que je ferais? murmura Elodie d'une voix tremblante, éperdue.

Elle hésitait : certes, il y avait de quoi.

Le moment était solennel. Pâle, muet, immobile, Valentin attendait, dans une indicible anxiété, la réponse qui allait décider de son avenir, ruiner ou couronner ses espérances.

Comme l'oiseau fasciné par l'œil du basilic, Elodie se laissa tomber entre les bras de son amant.

— Que feriez-vous? répéta Valentin qui voulait une réponse plus catégorique.

— Je vous suivrais, dit la jeune fille.

— Pour moi, pauvre, déshérité, sans nom, sans amis, sans foyer, vous quitteriez le toit de vos pères, la société où vous régnez, toutes les joies que le monde envie ? Dites-vous bien que je ne suis peut-être que le fils d'un pêcheur ou d'un contrebandier.

— Je quitterais avec joie le ciel pour vous suivre au fond des enfers.

Valentin tomba aux pieds d'Elodie, et attacha sur elle un de ces regards extatiques donnés par Raphaël et par le Pérugin aux saints agenouillés devant la Madone.

— Soyez bénie, jeune ange, dit-il en lui prenant la main. Brise du désert, fleur de la solitude, soyez bénie! Dans trois jours au plus tard je verrai vos parents. S'ils repoussent mes vœux, comme c'est probable, eh bien! nous partirons ensemble. Votre jardin s'ouvre sur la châtaigneraie; ce soir, en vous quittant, je prendrai l'empreinte de la serrure...

— C'est inutile, répliqua Elodie, la clef est toujours sur la porte.

— Imprudence, folie dont nous profiterons! Par une nuit noire, sans lune et sans étoiles, une chaise de poste vous attendra à l'entrée du bois. J'aurai des armes.

— Que le ciel nous protège! s'écria Elodie. Où irons-nous ?

— Où Dieu nous conduira.

Les jappements de Zamore interrompirent cet amoureux duo.

Valentin s'esquiva par le jardin, et gagna les hautes futaies du Butard, où il passa une partie de la nuit à se promener, fou de joie, ivre de bonheur.

# CHAPITRE VII.

## VII

Il avait donc enfin rencontré la passion vraie, la passion sincère, la passion éloquente! Ils existaient donc ailleurs que dans les livres, ces magnifiques entraînements de l'amour que rien ne saurait arrêter, ces irrésistibles dévoûments qui ne reculent devant aucun obstacle! Les romans avaient donc raison : le chevalier de Sainte-Amarante n'avait donc pas trompé son élève! Valentin nageait en pleine intrigue, en plein drame, en pleine équipée.

Sa bonne et loyale nature, que les travers de son esprit n'avaient pu complètement altérer, lui conseilla de ne pas pousser plus loin l'aventure.

— A quoi bon, se disait-il, porter la honte et la désolation dans une famille honnête et qui m'a accueilli comme un fils? De quel droit irais-je sacrifier à la soif de l'inconnu la paix et la sérénité de ces cœurs simples et bons ? Malheureux, si tu veux apaiser la soif dévorante qui brûle tes entrailles, cherche des sources moins pures! Les choses n'iront pas plus loin, c'est vous que j'atteste, astres d'argent, ombrages séculaires! Je voulais éprouver Elodie ; l'amour de cette enfant est sorti vainqueur de l'épreuve. C'en est assez, je suis content. Demain, j'irai trouver M. de Longpré, je me ferai connaître ; je lui dirai que je suis le neveu de M. Fléchambault et que je veux épouser sa fille. Quel coup de théâtre! Pour Elodie, quelle surprise et quelle fête? Je jouirai de leur bonheur, de leur étonnement. Quant à mon oncle, en voyant Elodie, il me pardonnera sans peine d'avoir pu oublier Louisanne.

Le lendemain, à la brune, Valentin partit de Bougival dans ces pieuses dispositions. Il monta la côte de la Celles-Saint-

Cloud, traversa le village et pénétra dans l'enclos des Longpré. Bien que la soirée fût peu avancée, il faisait déjà nuit; le ciel était chargé de nuages. Sous la fenêtre du salon que n'éclairaient ni lampes ni bougies, Valentin s'assit dans l'ombre, sur un banc à demi-caché par des touffes de chèvrefeuille et de clématite. Il avait le cœur ému, cela se conçoit; demander une fille en mariage n'est pas une petite affaire, et je comprends fort bien que l'ennui d'en passer par là ait décidé bon nombre de gens à vieillir dans le célibat.

Précisément en cet instant, un entretien assez animé venait de s'engager dans le salon où la famille entière se trouvait réunie, sans en excepter Oscar. Les croisées étaient ouvertes ; Valentin pouvait entendre tout ce qu'on disait. A peine assis, il allait se lever et s'éloigner par discrétion ; quelques paroles étranges éveillèrent sa curiosité : il resta. J'en eusse fait autant à sa place.

Or, voici ce qu'entendit le neveu de M. Fléchambault.

— J'y suis décidée, disait Elodie, la cérémonie aura lieu ici même, à la Celles-Saint-Cloud. Je ne tiens pas à me marier en grande pompe ; ce que je veux, c'est que toutes ces péronnelles du village et des environs soient témoins de mon bonheur et en sèchent de dépit. Ont-elles assez répété que je ne ferais jamais qu'un sot mariage? Une heure après la bénédiction nuptiale, elles me verront monter en calèche de voyage et partir pour mes terres. Es-tu sûr, Oscar, qu'il n'y a pas de château ?

— L'habitation est belle, répondit Oscar; je sais plus d'un château qui ne la vaut pas.

— C'est égal, reprit Elodie, cela fait bien de dire qu'on part pour son château.

— Pardieu! s'écria Oscar, qui t'empêchera de le dire ?

— Je le dirai, répliqua la blanche colombe.

— Tête et sang! se disait sur son banc Valentin qui sentait une sueur froide couler le long de ses tempes ; je suis joué ! je suis trahi ! Hier, elle consentait à s'enfuir avec moi, et quand, touché de tant d'amour, je venais mettre ma fortune à ses pieds, je découvre qu'elle est parjure. Quelle complication imprévue ! Que va-t-il se passer ? quel drame se prépare ? quel dénoûment assigner désormais à cette formidable aventure ? Ah ! tu mourras, perfide amante ; tu mourras, mais, avant de mourir, tu verras mon rival percé de mille coups !

L'entretien se poursuivait dans le salon. Prenant son cœur à deux mains comme pour l'empêcher d'éclater, Valentin prêta une oreille avide.

— Ainsi, mon enfant, dit M. de Longpré, d'un ton de doux reproche, tu partiras une heure après la bénédiction nuptiale. Tu t'ennuies donc dans ta famille? Tu as donc hâte de nous quitter?

— Tenez, papa, répondit la blonde fille d'une voix brève que Valentin eut peine à reconnaître, pour ne rien dissimuler, j'ai de la campagne par-dessus la tête : ces bois, ces prés, ces châtaigniers m'obsèdent. J'ai hâte de partir, ne fût-ce que pour échapper aux regards de cet éternel aqueduc qui a toujours ses yeux braqués sur moi. Si mon mari s'imagine que nous allons vivre dans nos terres comme deux bergers d'Arcadie, il se trompe ; la vie des champs n'est pas mon fait.

— Vous voyagerez, dit Oscar; vous irez aux eaux : l'été à Bade, c'est l'hiver à Paris.

— Aux eaux ! en Suisse ! en Italie ! s'écria madame de Longpré avec enthousiasme. Et dire que nous avons été sur le point de congédier un si riche parti ! Moi du moins, ajouta-t-elle d'une voix où perçait l'orgueil d'un esprit satisfait de sa pénétration, je n'ai pas attendu les révélations d'Oscar pour rendre justice à ce mystérieux étranger. Rappelez-vous que dès le premier jour je l'ai défendu contre vous tous, surtout contre Elodie, qui voulait que, sans plus tarder, on lui signifiât son congé.

— Ecoutez donc, maman, répondit avec aigreur le bel ange aux yeux bleus : vous eût-il été agréable de voir votre fille se compromettre pour un aventurier sans feu ni lieu? J'en conviens, c'est moi qui ai la première éveillé vos soupçons et votre défiance. Je n'ai fait en ceci que prendre votre rôle; vous avez pris le mien.

— Avant d'aller aux renseignements, ajouta madame de Longpré, j'étais sûre, mon cœur me disait que ce jeune inconnu ne pouvait être qu'un homme comme il faut. Une seule chose m'étonne et m'afflige.

— Quoi donc, maman?

— Il n'a pas d'aïeux.

— Nous l'anoblirons, répliqua Elodie. Avez-vous pensé que je consentirais à m'entendre appeler madame Valentin? Votre fille sera comtesse des Cormiers.

— Mais, mon enfant, dit M. de Longpré d'un ton affectueux et grave, espères-tu trouver le bonheur dans une union formée sous de si étranges auspices? Ce jeune Valentin m'inquiète. Il est le neveu de M. Fléchambault; pour pouvoir lui laisser tout son bien, son oncle ne s'est pas marié; la propriété des Cormiers, située sur le bord de la Sèvres nantaise, rapporte, bon an mal an, quarante mille livres. Comment se fait-il que ce jeune homme se soit avisé de jouer avec nous un si triste jeu? pourquoi s'enfuyait-il quand on lui parlait de son père? pourquoi ces grands airs sombres qui ne le quittaient pas et qui m'ennuyaient à périr? pourquoi ces longs regards désespérés qu'il jetait parfois sur nous tous et qui me glaçaient d'épouvante? Ce n'est pas ainsi que je m'y suis pris pour me faire aimer de ta mère.

— Mon Dieu, papa, répondit la belle enfant d'un ton impatient, je vous ai déjà expliqué tout cela. C'est une petite comédie dont il est bien aisé de saisir, de démêler et de rassembler tous les détails. Ce M. Valentin est un original qui a dû lire beaucoup de comédies, cela se devine à son langage. Il a voulu m'éprouver et se sentir aimé pour lui-même. Il n'a pas compris qu'en agissant ainsi, il allait précisément contre le but qu'il se proposait; car, s'il eût réussi, ce n'est pas lui que j'aimerais, mais le personnage qu'il a joué. Pour mener jusqu'au bout l'aventure, demain, dans deux jours au plus tard, il viendra vous demander ma main; n'allez pas la lui refuser. Il vous dira qu'il est maudit, que la fatalité le poursuit. Ayez l'air de croire tout ce qu'il vous dira, et lorsqu'enfin il vous aura tout dit, pressez-le dans vos bras et appelez-le votre fils. Respectez son incognito, ménagez-lui la joie de vous apprendre qu'il est le neveu de M. Fléchambault.

— Tout cela est bel et bon, répliqua M. de Longpré : je persiste à dire que le caractère de ce garçon ne m'offre pour mon Elodie aucune garantie de bonheur.

— Ventrebleu! s'écria Oscar, Elodie a cent fois raison. A la mort de son oncle, qui, Dieu merci, n'est pas éternel, mons Valentin aura quarante mille livres de rente; c'est plus qu'il n'en faut pour excuser tous les travers. A qui le devrons-nous, ma charmante, ce merle blanc, ce cygne noir qui s'appelle un mari millionnaire? Qui l'aura mis dans notre cage, ce bel oiseau, devenu si rare que les jeunes filles en parlent comme du phénix et se demandent avec effroi si l'espèce n'en est pas tout-à-fait perdue? En butte aux soupçons les plus légitimes, Valentin allait être congédié comme un visiteur importun; moi-même, je l'avoue, je me disposais à le pousser par les épaules et à l'envoyer soupirer plus loin, quand tout-à-coup je me ravise et suspends l'arrêt de proscription prêt à frapper le sauveur de Zamore. Mieux vaut recevoir quelques jours de plus un aventurier que de s'exposer à mettre le calife de Bagdad à la porte. Je vais, je viens, je m'informe. Je sens se développer en moi l'odorat du chien de chasse. Je suis mon beau ténébreux à la trace; je découvre enfin qu'il est le neveu de M. Fléchambault. Fléchambault! A ce nom, je dresse les oreilles. Je me souviens qu'étant à Nantes, en garnison, j'ai visité la propriété d'un riche armateur de ce nom. J'écris au capitaine Renard : je le lâche sur Fléchambault. Plus de doute, le seigneur des Cormiers est l'oncle de notre Valentin; nous allions chasser un prince! Voilà ce qu'a fait Oscar pour sa sœur Elodie. Elodie ne sera pas ingrate; que fera-t-elle pour son frère Oscar?

— Rien, répliqua sèchement Elodie.

— Rien, ma charmante? C'est bien peu, dit Oscar.

— C'est assez, reprit Elodie. Maître Oscar, ce n'est pas d'aujourd'hui seulement que je t'observe et te vois venir. Tu es un mange-tout, un bourreau d'argent. Tu as dissipé dans les tripots et les tabagies les économies de la famille; tu as joué, bu et fumé ma dot.

— C'est une calomnie, s'écria le jeune dragon.

— C'est la vérité, repartit Elodie avec assurance. Depuis qu'il s'agit pour moi d'un riche mariage, tu te berces du doux espoir que je paierai tes dettes de garnison et te permettrai de marauder sur mes terres. N'y compte pas, mon bel officier !

— Va, dit Oscar, tu n'as pas de cœur. Je plains ton mari.

— Et moi, ta femme, si toutefois tu peux en rencontrer une.

Valentin en savait assez.

Il se leva sans bruit, et s'éloigna à pas de loup.

Comme il allait franchir le seuil de l'enclos, il aperçut Zamore qui rôdait par là ; d'un coup de pied il l'envoya sauter à vingt pas, et s'enfuit, comme s'il avait eu tous les démons de l'enfer à ses trousses.

Le lendemain, dans la matinée, Elodie reçut un billet ainsi conçu :

« Mademoiselle,

« Je m'exile, je pars pour ne plus revenir. Vous me suivriez sans hésitation, je le sais; vous vous attacheriez avec joie, comme une lianne, à mon malheur. Mais pourrais-je, sans un monstrueux égoïsme, vous entraîner avec moi dans l'abîme? Beau lys, continuez de fleurir dans les régions sereines, loin de la foudre et des tempêtes que je vais affronter de nouveau. J'ai respiré le parfum de vos pétales embaumés, et je reprends, en vous bénissant, le chemin désolé de la solitude éternelle.

« Valentin.

« *P. S.* Conservez, pour l'amour de moi,

ce brin de clématite ; je l'ai cueilli hier soir, entre neuf et dix heures, sous les fenêtres de votre salon, en vous disant dans mon cœur un suprême adieu. »

# CHAPITRE VIII.

## VIII

La leçon était bonne ; Valentin n'en profita pas. Il continua de courir après les aventures ; les aventures continuèrent de courir devant lui, d'un pied si prompt, comme Atalante, qu'il ne put en saisir la queue d'une. Tout se dérobait, tout s'amoindrissait, tout avortait sous sa main. Les avenues les plus sombres, les carrefours les plus ténébreux s'inondaient de lumière aussitôt qu'il y mettait le pied. Les évènements qui se présentaient à lui sous le jour le plus romanesque, aboutissaient infailliblement au dénoûment le plus vulgaire. Ce qu'il prenait de loin pour les choses les plus extravagantes n'était de près que des bâtons flottants. Un essai d'adultère faillit le conduire en police correctionnelle ; ce ne fut pas sans peine qu'on étouffa l'affaire. Il avait compté sur des rencontres héroïques ; il se battit, et passa trois mois en prison. Une autre fois, n'ayant pu réussir à rassembler deux témoins, à cause de la loi sur le duel, il offrit à son adversaire de jouer leur vie à pile ou face : le perdant devait se brûler la cervelle. Médiocrement flatté de la proposition, l'adversaire pensa qu'il en coûterait moins de jouer un déjeûner aux *Frères-Provençaux*. Valentin perdit la partie, et, au lieu de deux témoins qu'il n'avait pu réunir, il en trouva trop aisément huit. Son partner n'en amena que six. Le repas fut joyeux et ne coûta guère que cent francs par tête; ils s'embrassèrent tous au dessert. Valentin paya et comprit que s'il se battait souvent, c'en était fait, au bout de quelques mois, de la fortune de M. Fléchambault. Le reste à l'avenant. Roman intime, roman passionné, roman d'intrigues, roman pastoral; tout lui échappait à la fois. Il ne poursuivait que des ombres et n'embrassait que des fantômes.

Vous avez été jeune, si vous ne l'êtes

plus ; une fois au moins vous êtes allé au bal masqué de l'Opéra, dans l'espoir d'y rencontrer une intrigue et une aventure. En général, on se figure volontiers, à vingt ans, que les marquises et les duchesses s'échappent la nuit de leurs hôtels pour aller au bal masqué intriguer les jeunes gens qui arrivent de leur province. Quelle ne fut pas votre émotion en vous mêlant pour la première fois à cette multitude bruyante et mystérieuse ! Comme votre cœur palpitait à chaque domino, noir ou rose, qui passait à côté de vous ! Cependant les heures s'écoulaient ; vous vous promeniez comme un hameçon à travers les flots de la foule, et pas une aventure ne mordait. Vous arriviez ainsi jusqu'à l'aube, écrasé de fatigue, de chaleur et d'ennui, mais retenu invinciblement par l'attente de l'inconnu. Enfin, quand le jour blafard faisait pâlir la clarté des bougies ; quand le dernier masque avait disparu comme une apparition au premier chant du coq matinal, vous vous retiriez Gros-Jean comme devant, et retourniez, triste et grelottant, à votre chambre solitaire. Eh bien ! tel vous étiez après cette nuit qui promettait de si charmants mystères, tel était Valentin après deux années de séjour à Paris.

On comprend maintenant pourquoi ce jeune homme n'était pas heureux. Vainement il jouissait de la santé la plus florissante ; vainement il pouvait se dire chaque jour, à toute heure, qu'il était le neveu de

M. Fléchambault ; vainement il ne fumait que des cigares de la Havane et se sentait aimé de toutes les personnes qui le connaissaient ; non, Valentin n'était pas heureux. Il ne pouvait l'être qu'à la condition de mettre la main sur un grand malheur. Son existence était grise et terne comme un portrait au daguerréotype. Vers les derniers temps, il promenait partout un visage morne et désenchanté. Quand ses amis le rencontraient, ils ne manquaient pas de lui dire : « Qu'avez-vous, Valentin, et que vous est-il arrivé ? » Valentin ne répondait le plus souvent que par un pâle sourire. Hélas ! il ne lui était rien arrivé, et c'était là ce qui le chagrinait.

— Poètes, romanciers, race funeste,

s'écriait-il parfois dans son désespoir, vous êtes tous des imposteurs et des empoisonneurs ! C'est vous qui avez désenchanté la vie ! c'est à vous que nous devons ce secret et profond ennui qui nous ronge et qui nous dévore ! Que voulez-vous que nous devenions, lorsqu'après avoir voyagé avec vous dans l'empyrée des rêves, nous retombons, sanglants et meurtris, sur le sol glacé de la réalité ? C'est vous qui avez allumé dans nos veines cette soif ardente qui n'a pas sur la terre de sources où s'étancher ! c'est vous qui nous avez enseigné le mépris des plaisirs faciles que Dieu avait mis à notre portée comme une grappe de fruits mûrs ! c'est vous, enfin, qui nous avez perdus ! Et toi, ajoutait-il, dernier héritier d'une famille de héros, chevalier de Sainte-Amarante, je te soupçonne fort de n'être qu'un vieux fou !

Ainsi, de guerre lasse, Valentin revenait parfois à une appréciation plus calme et plus sérieuse des choses d'ici-bas.

Il eût été assez disposé à reconnaître que décidément les romans et le chevalier s'étaient joués de sa crédulité ; il se préparait même à quitter Paris pour retourner aux Cormiers, auprès de son oncle, quand le malheur voulut qu'il se liât d'amitié avec un jeune homme qui devait achever de lui tourner la tête.

Rodolphe avait trente-deux ans, et n'en avouait que vingt-neuf. Il jouissait d'un joli patrimoine, et, bien qu'il eût des traits fort ordinaires, passait généralement pour beau, grâce à sa barbe noire et touffue, qui était en effet fort belle. La parole a été donnée à l'homme pour déguiser sa pensée, et la barbe pour déguiser son visage. Rodolphe appartenait à cette classe de gens à qui tout arrive, dont nous avons parlé plus haut. C'était, par-dessus tout, ce qu'on appelle communément un homme à bonnes fortunes. Il ignorait lui-même le nombre des femmes qu'il avait séduites et des maris qu'il avait trompés. Il eût rendu des points à Don Juan ; M. de Richelieu ne lui allait pas au coude. Il n'était guère de ménage un peu huppé dans lequel il n'eût fait des siennes. Dans la rue où il demeurait, on avait fini par remarquer qu'il n'y avait plus que des ménages de garçons, tant était grande la terreur qu'il répandait autour de lui. Les mères et les époux frissonnaient quand il se montrait à la promenade. Certes, à Paris et dans les départements, il avait incendié bien des cœurs, dévasté bien des existences. Partout où il était allé, il avait laissé derrière lui, comme Attila, des amas de ruines et des monceaux de cendres : mais c'était en Espagne et en Italie qu'il avait exercé le plus de ravages. Il avait passé, comme une trombe, à Cadix, à Séville, à Florence et à Rome. Il parlait volontiers, sans en être prié, de toutes les intrigues qu'il avait nouées, des aventures merveilleuses qui avaient signalé ses voyages. Valentin l'écoutait comme un oracle, et, tout en l'écoutant, il réfléchissait avec amertume sur l'inégalité des destinées humaines.

Un jour Rodolphe l'entraîna dans sa chambre à coucher, et, lui montrant un coffre de bois de cèdre :

— Voici, dit-il, le tabernacle de mes souvenirs ; c'est là que sont enfermés tous les poèmes de ma jeunesse.

A ces mots, il souleva le couvercle, et Valentin, plongeant dans le coffre un regard avide, aperçut, entassés pêle-mêle comme dans une tombe commune, des lettres de toutes les écritures, depuis la ronde jusqu'à l'anglaise ; des boucles de cheveux de toutes les nuances, depuis l'or jusqu'à l'ébène ; puis des bouquets de fleurs desséchées, des chapelets, des gants, des pantoufles de velours, des brodequins de satin turc, des portraits montés en médaillons, un poignard, des rubans, des rosettes de satin, une échelle de soie, une fiole mystérieuse et un mouchoir taché de sang. Valentin observait d'un œil d'envie toutes ces reliques ; le mouchoir taché de sang attirait surtout son attention jalouse. Rodolphe souriait dans sa barbe. Il prit le mouchoir du bout des doigts et le porta négligemment à ses lèvres.

— C'est le mouchoir de la comtesse Orsini, dit-il ; après huit ans, il conserve encore le doux parfum de cette divine personne.

— Et ce sang, Rodolphe, et ce sang? demanda Valentin d'une voix ardente.

— Pauvre Gina ! dit Rodolphe avec mélancolie. Elle était occupée à m'écrire ; son mari la surprit et lui plongea sa dague dans le sein. Avant d'expirer, elle m'envoya ce mouchoir imbibé de ses larmes et trempé de son sang.

— Il paraît, dit Valentin, que le comte Orsini ne plaisantait pas.

— C'était un Corse, répliqua Rodolphe.

Il a voulu me tuer, c'est moi qui l'ai tué.

— Vous l'avez tué?

— Comme un lièvre. Il est enterré à Florence, dans le couvent de *San Marco*.

— Et cette échelle de soie? demanda Valentin; vous en êtes-vous servi?

— Quelquefois à Séville, très souvent à Cadix. En Espagne, l'échelle de soie est encore aujourd'hui l'escalier dérobé des amants.

— Et cette fiole?

— C'est une fiole d'acide prussique. Il suffirait d'une goutte de ce breuvage pour foudroyer un hippopotame. Un soir, à Rome, je l'arrachai des mains de la Giuliani, qui menaçait de s'empoisonner.

— Et pourquoi la Giuliani menaçait-elle de s'empoisonner ?

— Parce qu'elle avait trouvé dans ma poche un gant qui n'allait ni à sa main ni à la mienne. Tenez, voilà ce gant ; il n'est pas en France une femme qui puisse seulement y glisser deux doigts. Pauvre Rosemonda ! qu'elle était belle ! Hélas ! elle est morte à vingt ans.

— De la poitrine ? demanda Valentin.

— Non, c'est la Giuliani qui l'a tuée dans un féroce accès de jalousie.

— C'était donc une tigresse, cette Giuliani ?

— C'était une Romaine. Ces petits accidents sont si communs à Rome, que c'est tout au plus si l'on en parle lorsqu'ils se présentent.

— Et ce poignard ? demanda Valentin.

— Ça ? dit Rodolphe, c'est le poignard que la marquise de Grijalva portait à sa jarretière où je l'ai pris.

— Et ces pantoufles de velours incarnat ?

— Ces pantoufles, mon bon ami, ont servi de nids aux deux plus jolis petits pieds qui aient jamais trotté sur le pavé de Paris. C'est la baronne de Champrémy qui les oublia un matin dans ma chambre. Une heure après, je vis entrer chez moi le baron, qui revenait de la campagne. Tout en causant, il aperçut sur le tapis les deux pantoufles qui se prélassaient sans défiance et d'un air si doux, si heureux, si câlin, que j'en avais le cœur navré. Par Dieu ! dit le baron, il me semble que je reconnais ces pantoufles. J'ai vu ces pantoufles quelque part. Où diable ai-je vu ces pantoufles ? Mille millions de tonnerre ! ajouta-t-il en bondissant comme un jaguar, je les ai vues aux pieds de ma femme ! — Nous nous battîmes et je tuai le baron.

— Têtebleu, s'écria Valentin, comme vous y allez ! Le comte Orsini à Florence, le baron de Champrémy à Paris ! Les deux font la paire, ce me semble.

— Oui, dit Rodolphe en caressant sa barbe, j'en ai tué ainsi quelques-uns.

— Et ces fleurs desséchées ?

— Chaque année, le jour de ma fête, je reçois un bouquet qui m'arrive je ne sais d'où.

— Et ces chapelets, demanda Valentin ; ces brodequins de satin turc ?

— Ces chapelets ? Vous permettrez que je vous en taise l'histoire : respectons l'honneur des couvents. Quant à ces brodequins, ils étaient aux pieds de la Brambilla, lorsqu'elle vint, par une nuit sombre, à notre premier rendez-vous. Au moment de nous séparer : — Ils sont tout neufs, dit-elle en les délaçant, et n'ont marché que pour aller vers toi. Je ne veux pas qu'ils fassent un pas de plus, je te les donne.

— Je serais curieux de savoir comment la Brambilla retourna chez elle ?

— En bas de soie, mon cher. Heureusement les chemins étaient secs et la nuit était noire.

— Toutes ces lettres sont sans doute des lettres d'amour ?

— Toutes, vous l'avez dit. Il y en a bien trois cents. Eh bien! mon cher, toutes se ressemblent. On ne saurait croire combien est pauvre et borné le clavier de la passion et des sentiments. C'est toujours le même son, la même note ; toujours la même variation sur ce mot si court et si grand : « Je t'aime! » Je pourrais pourtant vous montrer quelques-unes de ces épîtres, qui laissent assez loin derrière elles les lettres de Julie à Saint-Preux.

— Montrez, Rodolphe, montrez ! s'écria Valentin, qui en était réduit à vivre en marge des passions d'autrui.

Rodolphe ne se fit pas prier. Il lut à Valentin quelques lettres qui n'avaient rien de commun, en effet, avec celles de la *Nouvelle Héloïse*. L'amour s'y exprimait sur le ton le plus dithyrambique. Ce fut comme autant de brûlots attachés au cœur du neveu de M. Fléchambault. Quand Valentin se retira, il était retombé plus avant que jamais dans sa folie.

— Qu'il y a des gens heureux ! se disait-il, et que la destinée se montre ingrate dans la répartition de ses faveurs ! Voilà un homme dont la jeunesse a été saturée d'émotions. Il tue Orsini; il tue Champrémy. Les baronnes oublient chez lui leurs pantoufles; les comtesses, avant d'expirer, lui envoient des mouchoirs arrosés de leur sang. Il prend des poignards à la jarretière des marquises. Les abbesses, Dieu me pardonne! lui font présent de leurs chapelets, et la Brambilla, pour lui laisser ses brodequins, consent à retourner chez elle en bas à jour. Et que de portraits! que de bouquets! que de rosettes de rubans! que de lettres pareilles à la tunique de Nessus! Il a tout et moi je n'ai rien. Il joue les premiers rôles dans le grand drame de la vie, et moi je ne suis qu'un misérable comparse, un personnage muet, un confident de tragédie. Le chevalier avait raison, les romans ne sont pas des imposteurs comme j'étais tenté de le croire. Est-il un roman de cape et d'épée plus bizarre, plus riche en incidents, plus invraisemblable que la vie de Rodolphe? Le chevalier ne m'a pas trompé; seulement, il est des malheureux, comme moi, condamnés à traîner, dans les sentiers battus, le boulet de l'impuissance, la carapace de la vulgarité.

Un jour qu'il exprimait à Rodolphe ses doléances, Rodolphe lui répondit :

— Vous auriez tort de vous décourager, mon cher Valentin. Vous êtes né pour les choses étranges, cela se devine à votre air. C'est ma conviction la plus profonde, que vous êtes réservé aux aventures les plus surprenantes.

— C'était aussi la conviction du chevalier de Sainte-Amarante, dit Valentin en soupirant. C'est d'après ses conseils que je suis venu à Paris. A l'entendre, les aventures allaient partir sous mes pieds comme des compagnies de perdreaux. Voilà deux ans que je suis en chasse; et je n'ai fait encore que tirer ma poudre aux mésanges.

— Je n'en suis pas surpris, Valentin. Le Paris, la France d'aujourd'hui ne sont plus le Paris et la France que le chevalier de Sainte-Amarante a connus. Depuis quelques années surtout, le caractère de notre nation s'est singulièrement altéré; nous sommes devenus comme nos voisins d'outre-Manche, un peuple essentiellement positif. Harcelés, traqués de toutes parts, l'amour et la poésie n'ont d'asile que dans l'imagination de nos écrivains, qui sont eux-mêmes des calculateurs éminents. Paris n'est plus qu'une boutique ; la France n'est plus qu'un comptoir. Les traficants en ont chassé toutes les folies chevaleresques, toutes les passions généreuses. Sans doute, en cherchant bien, on peut trouver par-ci par-là quelques fleurs à cueillir, quelques bons coups d'épée à donner ou à recevoir ; mais ces occasions deviennent de plus en plus rares. Moi qui vous parle, voilà trois mois que je vis dans une inaction à peu près complète ; je finirai par émigrer. Et vous-même, qu'attendez-vous ? Partez. L'Espagne et l'Italie vous appellent. C'est-là qu'il est beau de vivre, c'est-là seulement que les femmes n'ont point encore désappris à aimer. Que faites-vous ici ? Allez suspendre l'échelle de soie aux balcons de l'Andalousie ! Allez sous les oliviers de la Toscane justifier les soupçons de quelque Florentin jaloux, ou, sous les pins de la ville éternelle, mettre aux prises, comme deux panthères, deux pâles Romaines aux yeux noirs !

— Ainsi, Rodolphe, vous me conseillez de partir pour l'Espagne ou pour l'Italie ?

— Ou pour la Corse : c'est encore un pays où il se passe des choses peu communes.

— Je voudrais savoir, dit Valentin,

quelle est la ville où vous sont arrivées les aventures les plus extraordinaires ?

— Vous m'embarrassez fort, dit Rodolphe.

— Consultez vos souvenirs.

— Attendez.... C'est Cadix..... ou Séville. Non, c'est Rome, à moins que ce ne soit Florence. Je crois bien pourtant que c'est Rome.

— C'est à Rome que vous avez connu la Giuliani et la Brambilla ?

— C'est à Rome. Vous ai-je dit que je

fus mis au fort Saint-Ange, où je passai deux mois, pour avoir enlevé la maîtresse du cardinal Bamboccini?

— Le sort en est jeté! s'écria Valentin; dans huit jours je partirai pour Rome.

La veille de son départ, il alla faire ses adieux à Rodolphe.

— Serais-je indiscret, lui dit-il, en vous demandant quelques lettres de recommandation pour les belles dames, comtesses et marquises, que vous avez connues là-bas?

— J'avoue, mon cher, que vous me

gênez, répliqua Rodolphe. La plupart des femmes que j'ai connues par-là sont mortes de mort violente. La Giuliani est au couvent. Tout récemment la Brambilla, s'étant laissé dire que je voyageais en Orient, est allée à Civita-Vecchia s'embarquer pour Alexandrie. A l'heure où je vous parle, elle me cherche sur les bords du Nil. Vous plairait-il de me demander un service d'une nature moins délicate ?

— Je pars, dit Valentin ; nul ne saurait prévoir ce qui m'arrivera. Il est probable que je vais me trouver dans des positions difficiles. J'ai de bonnes armes, mais vous savez aussi bien que moi qu'on n'a pas toujours son poignard ou ses pistolets sous la main. Il me plairait donc d'emporter dans le chaton de cette bague quelques gouttes de la liqueur que vous m'avez montrée l'autre jour.

— Vous voulez de l'acide prussique ?

— Précisément, répondit Valentin.

— C'est très grave. Savez-vous que les Borgia n'ont rien inventé de plus prompt ni de plus terrible ?

— Je le sais.

— Savez-vous que vous allez porter la foudre à votre doigt ? Savez-vous qu'il suffit d'une gouttelette de ce poison....

— Je le sais, je le sais, dit Valentin interrompant Rodolphe; c'est pour cela que je souhaite d'en avoir.

— Puisque vous y tenez, mon cher, emportez le flacon; je vous le donne, bien convaincu d'ailleurs que vous n'en ferez point usage.

A ces mots, Rodolphe ouvrit l'arche de ses souvenirs et offrit à Valentin le flacon qu'il avait, quelques années auparavant, arraché des mains de la Giuliani. Valentin s'en saisit avec joie et le mit religieusement dans sa poche.

Il ne pouvait entrer dans sa pensée de quitter la France sans avoir embrassé son oncle. Avant de partir pour Rome, Valentin devait aller passer quelques jours aux Cormiers. C'était pour lui une fête plutôt qu'un devoir, car, malgré ses travers, il avait conservé pour M. Fléchambault une tendre affection. Rodolphe voulut accompagner son ami jusqu'à la diligence, et le mettre, comme on dit, en voiture. Comme ils se promenaient tous deux dans la cour des messageries, en attendant l'heure du départ, ils virent monter dans le coupé où Valentin avait retenu sa place une femme seule. Ils n'avaient pu distinguer ses traits, mais la jeunesse de sa taille, la fraîcheur de sa capote de voyage, l'élégante simplicité du reste de la toilette, la cambrure aristocratique d'un brodequin de coutil gris, la finesse d'une jambe entrevue sur le marchepied, avaient éveillé sur-le-champ l'imagination de Rodolphe et de Valentin.

— Si la troisième place n'est pas prise, je vous fais mon compliment, dit Rodolphe. C'est madame de Kergoulas, qui va rejoindre son mari dans ses terres. Je viens de lire son nom sur le livre des voyageurs. Je ne la connais pas, mais je jurerais qu'elle est belle. Dieu sait maintenant où vous vous arrêterez ! Que de rencontres charmantes, que de jolis prologues, que de premiers chapitres se sont ainsi faits en voiture ! Voilà pourquoi j'aime tant les voyages. Ce fut dans la malle de Paris à Bordeaux que je vis pour la première fois madame de La Rochefrite ; je descendis à son château, près de Poitiers, et j'y passai six semaines, que je n'oublierai de ma vie.

Les chevaux hennissaient; le postillon était sur son siége, et la troisième place, ô bonheur! restait vide. Le cœur ému d'un vague espoir, Valentin, après avoir embrassé Rodolphe, escaladait gaîment le coupé, quand madame de Kergoulas tourna vers lui son visage encadré dans une capote rose. Dieux immortels! une vieille Anglaise! Ses faux cheveux, ses dents trop vraies attestaient son âge et son origine. Valentin fit un bond en arrière et grimpa sur l'impériale avec l'agilité d'un chat que poursuit un boule-dogue irrité.

La diligence roulait depuis près d'une

heure sur la route poudreuse. Au tournant du chemin, Valentin découvrit, à l'horizon, Paris qui s'abîmait peu à peu dans la brume du soir, comme un navire submergé dont on ne voit plus que les mâts. En songeant à toutes les espérances qu'il avait effeuillées dans ce gouffre, à toutes les illusions qu'il avait données à dévorer à ce minotaure, il ne put retenir un mouvement de haine et de colère.

— Adieu, et sois maudite, s'écria-t-il dans son âme ulcérée, ville infâme qui n'as plus au cœur qu'une passion vivante, la fureur d'accumuler ! Trois pièces d'argent sur un champ de boue, voilà tes armoiries. Sois maudite, société avachie et cupide, d'où se sont retirés la jeunesse, l'héroïsme et l'amour, et qui as érigé en tribunal d'honneur la police correctionnelle ! Des exploits, des huissiers, voilà tes cartels et tes hérauts d'armes. Sois trois fois maudit, repaire immonde, antre de l'avarice, terrier de l'égoïsme, où l'on ne sait plus ni aimer ni haïr, où les ingénues tiennent l'emploi des grandes coquettes, où les amis se déchirent, où les ennemis s'embrassent, où l'on peut voir, assis et dînant à la même table, les insulteurs et les insultés de la veille ! Je pars, je vais chercher sous d'autre cieux des rivages où l'on se sente vivre, une terre où l'on ne meure pas de tristesse, d'ennui et de dégoût.

## CHAPITRE IX.

## IX

Si ce fut une grande joie pour M. Fléchambault de serrer Valentin sur son cœur, ce n'en fut pas une moins vive pour Valentin de presser M. Fléchambault dans ses bras. Ils se tinrent longtemps embrassés, tandis que les serviteurs s'empressaient à l'envi autour de leur jeune maître qu'ils avaient vu grandir et que tous aimaient. Tous fêtèrent le retour de l'enfant prodigue aux Cormiers. M. Fléchambault ne se doutait pas des nouveaux projets de son neveu; il était convaincu que Valentin rentrait au nid pour ne plus le quitter, et le digne homme exprimait avec effusion le bonheur qu'il en ressentait.

— Te voilà! c'est donc toi! Je vais donc te garder! disait-il en le couvant des yeux; j'espère que tu en as fini avec les orages du cœur et les drames de la passion. Ce vieux fou de Sainte-Amarante ne te tournera plus la cervelle; il est mort la semaine dernière. Que la terre lui soit légère! Il t'a légué huit cents volumes qui m'ont été expédiés, dans une voiture à bœufs. On les a portés au grenier; les rats en feront

justice. Sais-tu bien que ces trois années
de navigation ne t'ont pas nui? Oui, tu as
l'air plus mâle et plus fier; je crois même
que tu as grandi. Cher enfant, vivante image de ma bien-aimée sœur, viens là, que
je t'embrasse encore! Tu as appris par
mes lettres les nouvelles vicissitudes qu'a
essuyées ce pauvre Varembon. Dieu merci, tout est réparé. Varembon va partir,
s'il n'est déjà parti. Tu liras ses dernières
lettres. Louisanne est plus charmante,
plus belle que jamais. Vous n'aurez rien
perdu pour attendre. Quelle douce existence nous allons mener tous ensemble
dans le fond de cette vallée!

Valentin n'eut pas le courage d'égorger
sur l'heure les illusions de M. Flécham-

bault ; son cœur lui conseillait d'attendre, de ménager son oncle et de le préparer peu à peu au coup terrible qu'il devait lui porter. D'ailleurs, l'influence des lieux longtemps aimés avait réveillé en lui, sans qu'il s'en doutât, des idées plus saines, des sentiments plus conformes à sa nature primitive. Cette influence ne dura guère. Un mois à peine s'était écoulé depuis son retour, que Valentin ressentait de nouveau les atteintes de ce violent besoin d'aventures et d'émotions qu'il n'avait pu satisfaire jusque-là. De même qu'il avait hésité quand il s'était agi de son premier départ, de même il hésitait devant la pensée d'affliger l'excellent homme qui lui avait servi de père ; mais de toutes les exigences, celles de l'imagination sont les plus impérieuses ; cette fois comme toujours, l'imagination l'emporta. Un soir, après bien des détours, Valentin finit par avouer à M. Fléchambault qu'il était décidé à partir pour Rome.

M. Fléchambault faillit tomber à la renverse. Valentin se fût avisé de vouloir partir pour le Congo, pour la Chine, pour la Laponie, pour les îles Marquises, que M. Fléchambault n'eût pas été frappé d'une plus profonde stupeur. Il fut foudroyé, c'est le mot.

— A Rome ! s'écria-t-il en prenant sa tête à deux mains ; à Rome ! Il veut aller à Rome ! Il n'y a pas un mois qu'il est de retour, et le voilà qui demande à partir pour Rome!

— Qu'y a-t-il là, mon oncle, qui puisse vous étonner? répondit Valentin. Les voyages ne sont-ils pas le complément de toute éducation un peu libérale? Que sait-il, le jeune homme qui n'a pas voyagé?

— Mon neveu, tel n'a jamais quitté son village, qui en sait plus long que bien des gens revenant des contrées lointaines; tel a fait seulement le tour de son cœur, qui a visité plus de pays que s'il eût fait deux fois le tour du globe.

— Voyons, mon oncle, écoutez-moi; soyez juste, vous qui êtes si bon. Que trouvez-vous d'exorbitant à ce qu'un jeune homme, qui n'a rien de mieux à faire, ait la fantaisie d'explorer la patrie des arts? J'aime les arts; le goût m'en est venu à Paris. Si je parlais d'aller en Abyssinie, à la découverte des sources du Nil, je comprendrais votre étonnement; votre indignation serait légitime. Mais en Italie, mais à Rome! mon oncle, vous n'y songez pas.

— Mais, malheureux, songe toi-même que Varembon et sa fille sont sur le point de revenir en France! J'allais t'écrire pour te rappeler, lorsque tu es arrivé. Varembon doit être parti; tu as lu sa dernière lettre. A l'heure où nous parlons, il débarque peut-être à Saint-Nazaire. Il est peut-être avec Nantes. Peut-être est-il à Louisanne sur le chemin qui conduit aux Cormiers.

— Bah! dit Valentin, M. Varembon se moque de nous.

— Apprenez, mon neveu, que Varembon ne s'est jamais moqué de personne, répliqua vertement M. Fléchambault qui n'entendait pas raillerie là-dessus.

— Que diable! mon oncle, il y a tantôt dix ans que M. Varembon parle de son prochain retour. Depuis dix ans, il ne s'arrête pas de voiture à la grille, je n'entends pas les chiens aboyer dans la cour, que je ne m'écrie aussitôt : Voici M. Varembon! Depuis dix ans, je ne m'endors pas sans

me dire : Allons, demain peut-être je verrai M. Varembon. Quelle a été votre première objection à mon départ pour Paris ?
— Varembon est sur le point de revenir. Il va partir, il part, il est parti ! n'est-ce pas lui qui frappe à la porte ? — Trois années se sont écoulées, et M. Varembon n'est pas revenu.

— Il est certain que Varembon s'est fait attendre un peu, dit M. Fléchambault en hochant la tête ; c'est qu'une fois dans les affaires, en sort qui peut, n'en sort pas qui veut.

— Vous voyez donc bien, mon cher oncle, qu'il n'y a pas de raison pour que M. Varembon et sa fille viennent jamais s'établir aux Cormiers. C'est vous que j'en fais juge, est-il équitable que ma jeunesse se passe à les attendre? Dois-je rester, pareil à un sphynx de granit, accroupi dans le sable, jusqu'à ce qu'il plaise à M. Varembon de me rendre la vie, le mouvement et la liberté? Dois-je fermer les yeux comme la Belle-au-Bois-Dormant, jusqu'à ce qu'il convienne à mademoiselle Louisanne de venir me réveiller? Mon bon oncle, laissez-vous convaincre. Je suis bien décidé, d'ailleurs, à ne rien faire qui puisse vous affliger. Si je souhaite d'aller à Rome, c'est uniquement à cause de vous.

— A cause de moi! s'écria M. Fléchambault. C'est à cause de moi que tu souhaites d'aller à Rome!

— Sans doute. Est-il pour un oncle rien de plus flatteur que de pouvoir se dire : Mon neveu foule la cendre des héros ; quand il lui plaît, il monte au Capitole ; il s'assied sur les ruines du palais des Césars ; il se baigne dans le Tibre ; il se promène au Forum ; il passe où les maîtres du monde ont passé? Ne serez-vous pas bien aise de recevoir des lettres au timbre de la ville éternelle et de les montrer à vos voisins en disant : Voici ce que m'écrit de Rome Valentin? Quoi ! s'écrieront-ils, M. Valentin est à Rome ! A-t-il vu le pape ? A-t-il baisé la mule du Saint-Père ? Et que de merveilles n'aurai-je pas à vous raconter au retour ! Quelle provision de souvenirs ! Que d'entretiens intarissables ! comme elles vous sembleront courtes, les longues soirées d'hiver! Je vous parlerai du Colysée, des fresques du Vatican, de l'Apollon du Belvédère. Vous penserez, en m'écoutant, que si je suis le plus fortuné des neveux, il y a des oncles plus malheureux que vous.

— Laisse-moi donc tranquille! s'écria M. Fléchambault secrètement touché. Attends, pour voyager, que tu sois marié ; tu partiras avec ta femme.

— Voyage-t-on lorsqu'on est marié? L'Hymen est casanier de sa nature, et ne quitte pas volontiers ses babouches. D'ailleurs, quand me marierai-je? M. Varembon ne revient pas.

— J'avoue, répondit tristement M. Fléchambault, oui, j'avoue que Varembon aurait pu mettre plus d'empressement à venir retrouver son vieil ami. Ecoute, Valentin, je te demande encore un mois. Si, dans un mois, Varembon n'est pas revenu, eh bien! tu partiras pour Rome.

Non seulement Valentin était résolu à ne pas épouser Louisanne, mais encore depuis longtemps il ne croyait plus à ce mariage et ne s'en préoccupait même pas. Pour ne point contrarier son oncle, il laissait aux années le soin de dénouer sans tiraillement un lien si peu gênant. Les dernières lettres de M. Varembon n'étaient ni plus formelles ni plus explicites que toutes celles qu'il avait écrites déjà. En les relisant avec attention, Valentin avait cru même y remarquer certains tours ambigus qui achevaient de le rassurer. Il comprenait fort bien que Louisanne ne désirât pas plus que lui cette union ; il ne cherchait pas d'autre explication aux atermoiements de son père. Il était clair pour lui que M. Fléchambault, grâce à son cœur d'or, jouait dans tout ceci un rôle de dupe. Valentin ne pensa donc pas s'engager beaucoup en accordant le délai d'un mois que demandait son oncle. Il chassa, courut le pays, fit quelques pieux pèlerinages au castel désert d'où s'était envolée l'âme du chevalier de Sainte-Amarante; enfin, pour tuer le temps moins encore que pour ne pas perdre l'habitude et le goût de la belle littérature, il fureta dans le grenier des Cormiers, et découvrit quelques romans empruntés à l'Italie moderne, qui ajoutèrent leurs promesses à celles du beau Rodolphe.

Les jours fuyaient à tire-d'ailes. Valentin était gai comme un pinson, M. Fléchambault triste comme un hibou. Une semaine encore, et le mois d'attente expirait. Valentin s'occupait déjà des préparatifs de son départ, tandis que M. Fléchambault montait à sa tour pour voir si Varembon et sa fille n'arrivaient pas.

—Eh bien! mon oncle, lui disait un soir Valentin, commencez-vous à désespérer du retour de M. Varembon? Comprenez-vous enfin que M. Varembon se trouve bien à la Nouvelle-Orléans, et qu'il n'a nulle envie de revenir en France? Avais-je tort l'autre jour, quand je vous disais que M. Varembon se moquait de nous? Je ne lui en veux pas, seulement je m'étonne que vous ayez attendu jusqu'ici pour savoir à quoi vous en tenir sur la valeur de ses promesses. C'est qu'avec l'esprit d'un sage, vous avez, mon cher oncle, le cœur d'un enfant.

— Tais-toi, Valentin, tais-toi, répondit M. Fléchambault. Voilà trente ans et plus que j'aime Varembon. Je l'aime comme un frère, et je crois en lui comme en Dieu. Si c'est une illusion, respecte-la; si c'est un rêve, ne m'éveille pas.

— Je suis convaincu, reprit Valentin, que, de son côté, M. Varembon vous aime beaucoup là-bas ; mais que voulez-vous, mon cher oncle ? On se quitte avec désespoir, on doit se retrouver avec bonheur ; les années s'écoulent, et l'on finit par découvrir de part et d'autre qu'il est plus aisé de se passer d'ami que de chausses. Il y a quinze ans au moins que M. Varembon est établi à la Nouvelle-Orléans. Il est tout simple qu'au bout de quinze ans, il ait des relations, des intérêts qui le retiennent, des liens, des habitudes qu'il ne veut pas, qu'il ne peut pas briser. Voulez-vous connaître ma pensée tout entière ? Je parierais que Louisanne est mariée, et que son père ne sait comment s'y prendre pour vous annoncer cette nouvelle.

— Louisanne mariée! Louisanne parjure! Louisanne infidèle! s'écria le bon Fléchambault; non, non, c'est impossible; ce serait une indignité.

— Pourquoi donc, mon cher oncle, pourquoi serait-ce une indignité? répliqua Valentin en souriant. Louisanne avait cinq ans, j'en avais huit, quand nous nous sommes séparés. Les serments échangés à cet âge ne sauraient engager bien sérieusement l'avenir. En général, les mariages projetés de si loin n'ont pas chance d'aller à l'église. Que Louisanne m'ait oublié, qu'elle se soit mariée selon son cœur, sans tenir compte de son premier fiancé, ce n'est pas moi qui voudrais la blâmer. Si l'occasion se fût présentée, il est probable que j'aurais fait comme elle, sans mériter pour cela les noms de parjure et de traître.

Obligé de reconnaître que son neveu pouvait avoir raison, M. Fléchambault se taisait et baissait la tête. Il voyait s'éloigner, décroître et disparaître la rive où fleurissait l'espoir de ses vieux ans. Valentin triomphait en secret.

— Cher oncle, ne vous attristez pas, dit-il en l'embrassant. Quinze années d'expérience vous ont démontré qu'on peut vivre sans M. Varembon. Quant à sa fille, il faudra bien que nous nous passions d'elle, puisqu'elle s'est passée de nous. Dieu merci, il ne manque pas en France de jeunes filles à marier, et si belle, si charmante qu'elle soit, Louisanne n'est pas unique sous le ciel. Vous voulez des petits enfants pour égayer votre vieillesse ; vous en aurez, mon oncle, et beaucoup. Je vous promets tout une colonie de petits Valentin. Vous me rendrez d'ailleurs cette justice, ajouta-t-il en bon apôtre, qu'il n'a pas dépendu de moi que vos vœux ne fussent exaucés. Ai-je assez longtemps attendu ? ai-je assez veillé sur mon cœur pour pouvoir l'offrir tout entier à la femme que vous m'aviez choisie ? Ce n'est pas ma faute si Louisanne n'en a pas voulu. Pour vous plaire, j'aurais épousé la reine de Tombouctou.

— Non, non, c'est impossible, s'écria M. Fléchambault, se parlant à lui-même comme pour dissiper les fantômes d'un mauvais rêve, Varembon ne s'est pas joué de notre vieille amitié; Louisanne n'est pas infidèle. Je croirai que les petits pois mûrissent à la Saint-Sylvestre, avant de croire que Varembon ait trahi ses engagements. Valentin se trompe : Valentin outrage Louisanne et son père. En quelle époque vivons-nous, juste Dieu ! Le doute s'est emparé des jeunes âmes, et la foi n'habite plus que le cœur des vieillards.

Ainsi, M. Fléchambault essayait de se rassurer; mais on voyait bien à son air que le brave homme était moins tranquille qu'il n'aurait voulu le paraître. Il allait, venait, prêtait l'oreille à tous les bruits, montait à sa tour, braquait sa longue-vue sur le chemin de Nantes aux Cormiers : Varembon n'arrivait pas. Valentin se frottait les mains et achevait gaîment ses préparatifs de voyage. Il avait emporté de Paris une magnifique collection de dagues et de poignards. Sa boîte de pistolets reposait au fond de sa malle. Son passeport était en règle ; son portefeuille était garni de lettres de crédit, contre lesquelles il avait échangé les dernières libéralités de son oncle. Quelques jours encore, Valentin embrassait son oncle et partait.

Un matin, il était dans sa chambre, seul et rêvant à toutes les histoires que Rodolphe lui avait racontées. Il voyait passer devant lui les blanches ombres de la Rosemonda et de la comtesse Orsini, et, se rappelant tour à tour les aventures de la Giuliani, de la Brambilla et de la maîtresse du cardinal Bamboccini, il craignait, comme Alexandre, que Rodolphe ne lui eût laissé rien à faire. Tout à coup la porte de la chambre s'ouvrit avec fracas, et M. Fléchambault se précipita dans l'appartement, dont il fit deux ou trois fois le tour, en se livrant à une foule d'excentricités que n'expliquaient suffisamment ni son âge ni son caractère. Il dansait, pirouettait, gambadait, criait et chantait. Valentin, qui n'avait jamais vu son oncle dans un tel délire, l'observait avec stupeur.

— Mon oncle, qu'avez-vous? disait-il en courant après lui. Mon oncle, que se passe-t-il? Bien certainement vous êtes fou, mon cher oncle. Apprenez-moi du moins si c'est de joie ou de désespoir.

— C'est de joie! s'écria enfin M. Fléchambault se jetant, comme un lion, sur Valentin qu'il faillit étouffer dans ses embrassements. Je disais bien que c'était impossible! Ils arrivent, ils sont arrivés! Défais ta malle; tu ne partiras pas.

— Ils sont arrivés! où sont-ils? demanda Valentin, pâle comme la mort. Les avez-vous vus? leur avez-vous parlé?

— Ils sont à Nantes. Demain, dans deux jours au plus tard, ils seront ici. Avant un an, nous aurons un baptême aux Cormiers.

— A Nantes ! Ils sont à Nantes ! En êtes-vous bien sûr? s'écria Valentin, qui promenait sur son oncle un regard étrange.

— Cher enfant ! dit M. Fléchambault attendri jusqu'aux larmes... Il ne peut croire à son bonheur. Il pâlit, il ploie, il chancelle sous le poids de sa félicité. Cette heure fortunée, si longtemps attendue, il refuse de croire qu'elle ait enfin sonné. Tiens, lis ! ajouta-t-il.

Et il tendit à Valentin une lettre qu'il venait de recevoir.

Cette lettre était ainsi conçue :

« Je ne suis plus séparé de toi que par

« quelques lieues, cher ami. Si Louisanne
« ne se ressentait pas des fatigues de la
« traversée, qui a été longue et pénible, je
« serais déjà dans tes bras. Fléchambault,
« je vais donc te revoir ! je vais donc te
« presser sur ce cœur où l'amitié n'a pas
« vieilli d'un jour ! Et ce jeune Valentin,
« que je me plais depuis si longtemps à
« nommer mon fils, je vais donc aussi
« l'embrasser ! Est-ce vrai ? n'est-ce pas un
« rêve ? Nous sommes descendus à l'hôtel
« de France ; je vois de ma fenêtre la
« place, les rues, le théâtre où nous avons
« mêlé et confondu les émotions de notre
« jeunesse. Je te cherche des yeux ; je
« crois te reconnaître dans chaque indif-
« férent qui passe. Si l'on frappe à ma
« porte, je me lève en disant : C'est lui !

« Il me semble que quelque chose a dû
« t'apprendre que je suis ici. Dans deux
« jours, je serai près de toi. Je veux te
« présenter ma fille dans tout l'éclat de sa
« beauté. Prépare-toi à tomber à genoux
« devant elle. Je reviendrais pauvre
« comme Job, tu trouverais encore, en la
« voyant, que je reviens plus riche que
« Crésus. Entre nous, Fléchambault, ton
« neveu est un heureux drôle. Deux jours,
« deux jours encore ! Pense que dans
« deux jours nous serons réunis pour ne
« plus nous quitter, et que nous ne forme-
« rons désormais qu'une seule et même
« famille.

« VAREMBON. »

Quelques lignes d'une écriture plus fine

et plus déliée étaient tracées au bas de ce billet.

« Je ne veux pas laisser partir cette
« lettre sans vous dire que je suis heu-
« reuse de me sentir si près de vous, ami
« de mon père. J'ai appris de bonne
« heure à vous bénir et à vous aimer.
« D'où vient donc qu'à présent j'hésite et
« suis toute tremblante? D'où vient que je
« voudrais reculer le moment où vos bras
« s'ouvriront pour me recevoir? Je sais
« que la tendresse de mon père se plaît à
« me parer de perfections que je n'ai pas.
« Je me rassure pourtant : je me dis que,
« puisque je vous aime avec son cœur,
« vous me verrez peut-être avec ses yeux.
   « Louisanne. »

— Qu'en penses-tu? s'écria M. Fléchambault après que Valentin eut achevé de lire. Douteras-tu encore de ton bonheur? Crois-tu maintenant qu'ils sont arrivés? Es-tu bien sûr qu'ils sont à Nantes? Avais-je tort quand j'affirmais que la fille de Varembon était restée fidèle à son serment? Pendant que tu l'accusais dans un accès de folle jalousie, ingrat, elle accourait vers toi! Et sais-tu rien de plus délicieux que les quelques lignes qu'elle a tracées au bas de cette lettre? Que d'élégance dans l'expression! dans la pensée, que d'exquise délicatesse! On croit lire madame de Sévigné.

— Je n'aime pas l'écriture de mademoiselle Louisanne, répondit sèchement Valentin.

— Tu es bien difficile, répliqua M. Fléchambault ; c'est peint, c'est moulé par la main des grâces. D'ailleurs, qu'y a-t-il de commun entre l'écriture des gens et leur figure ou leur caractère ?

—Entre l'écriture des gens et leur caractère, il y a, mon cher oncle, plus de rapports que vous ne paraissez le croire, repartit gravement Valentin. Il y a des écritures naïves, des écritures cauteleuses, des écritures franches, des écritures dissimulées. Il faut dire de l'écriture ce que Buffon a dit du style : c'est l'homme.

— Eh bien! quel diable d'homme es-tu, toi, dont l'écriture est illisible? ajouta M. Fléchambault.

— Toujours est-il, mon cher oncle, que l'écriture de mademoiselle Louisanne ne m'inspire aucune confiance. Il y a, dans sa façon de fermer les O, quelque chose de mystérieux, qui ne me plaît pas. Observez le crochet de ses S, vous y découvrirez l'indice d'une âme remplie de détours.

— C'est trop fort. Comment! l'autre jour, pour me plaire, tu étais prêt à te marier avec la reine de Tombouctou, et voilà qu'à cette heure, tu t'arrêtes à de pareilles vétilles, quand il s'agit d'une créature jeune et belle comme le printemps! Je soutiens d'ailleurs que son écriture est charmante : c'est de l'anglaise la plus pure, et je t'en souhaite une semblable.

— *Puisque je vous aime avec son cœur, vous me verrez peut-être avec ses yeux.* Je trouve cela horriblement prétentieux, dit Valentin. C'est d'une précieuse, ou je ne m'y connais pas.

— Moi, riposta M. Fléchambault, je trouve cela très joliment tourné.

— Ce n'est pas mon avis.

— C'est le mien.

— Les sentiments vrais s'expriment plus simplement.

— La simplicité ne s'effarouche pas d'un peu de grâce et de coquetterie.

— Si j'ai bonne mémoire, mademoiselle Varembon est blonde, et je hais les blondes, ajouta Valentin qui se souvenait sans doute d'Élodie.

— Voilà tantôt seize ans que tu n'as vu Louisanne : ses cheveux ont eu tout le temps de brunir.

— Non, non. Je me souviens très bien que ses cheveux étaient d'un blond fade qui ne brunit jamais. Je connais cette nuance ; elle est inexorable.

— Je te dis que ses cheveux sont devenus bruns.

— Soyez sûr qu'ils sont restés blonds.

— J'aime les blondes, moi! s'écria M. Fléchambault ; c'est mon goût.

— Ce n'est pas le mien.

— Les anges sont blonds.

— Bon! dit Valentin, vous en avez vu ?

— Oui, mon neveu, j'en ai vu un.

— Un ange blond?

— Comme les blés à la moisson. Lève les yeux et vois toi-même.

Le regard du jeune homme obéit machinalement au doigt de M. Fléchambault, et s'arrêta sur un portrait de femme, blonde en effet comme une gerbe d'épis mûrs. Valentin se tut : c'était le portrait de sa mère.

— Enfin, mon oncle, reprit-il après quelques instants de silence, qu'elle ait des cheveux d'or ou d'ébène, il ne m'est pas démontré que mademoiselle Louisanne soit enchantée du mari que vous lui destinez. Avant de disposer de sa main, peut-être conviendrait-il d'attendre que son cœur eût parlé. Qui vous répond, qui vous assure que cette jeune personne m'aimera? Le chevalier de Sainte-Amarante, envers qui vous avez été trop sévère, exprimait un jour devant moi une pensée pleine de justesse et de profondeur. Le cœur humain, me disait-il, est jaloux de sa liberté. Il veut choisir lui-même, et n'entend pas qu'on choisisse pour lui. Il hait ce qu'on offre à son amour; il aime ce qu'on désigne à sa haine.

— Il te débitait là de jolies maximes, ton chevalier de Sainte-Amarante! Il paraît que vous aviez ensemble des entretiens d'une haute philosophie. Ne me parle jamais de ce vieil insensé.

— Sous la frivolité d'Alcibiade, il cachait la raison et la sagesse de Socrate, répliqua Valentin d'un ton doctoral. Remarquez déjà, mon cher oncle, qu'il n'est pas question de moi dans les quelques lignes que mademoiselle Louisanne vous a écrites ; mon nom ne s'y trouve pas une fois ; pas une phrase à mon adresse, pas un mot, pas même une allusion. C'est clair, elle me hait ; je le savais déjà.

A ces mots, un éclair de joie illumina le front de M. Fléchambault.

— Bien ! bien ! s'écria-t-il gaîment, de la jalousie, du dépit... Et moi qui ne devinais pas ! Ah ! Valentin, tu l'aimes, cette belle Louisanne ; ta passion s'est trahie.

Le divin Racine a toujours raison : les feux mal couverts n'en éclatent que mieux. Enfant, comment n'as-tu pas vu que ces lignes, tracées par la main de Louisanne, ne s'adressent qu'à toi? Comment n'as-tu pas compris que, tandis que sa main écrivait au vieil oncle, c'est au neveu que son cœur parlait tout bas? Ton nom n'est pas dans ce billet, et tu en conclus que ta fiancée te hait. Moi, j'en conclus qu'elle t'adore. Ce qu'il y a de charmant dans ce bout de lettre, c'est précisément que ton nom ne s'y trouve pas. Louisanne, Valentin, chers enfants, vous vous adorez. Béni soit le jour où mes vœux sont comblés! Béni soit Dieu qui me rend Varembon! Dans mes bras, mon neveu! Va, va, rassure-toi : Louisanne ne te hait pas.

Le bonhomme nageait dans un océan de délices. On sait que Valentin aimait son oncle d'une affection toute filiale. On sait aussi que les écarts de son imagination n'avaient pas complètement altéré le fond de sa bonne et honnête nature. Il sentit que l'heure était venue pour lui de s'acquitter. Il prit vaillamment son parti et s'offrit en holocauste au bonheur de M. Fléchambault.

— Que mon oncle soit heureux, se dit-il, j'épouserai la fille de M. Varembon.

Et, par un suprême effort, il imposa silence aux rêves de son âme.

On pense bien que M. Fléchambault

n'était pas homme à rester aux Cormiers quand il savait Varembon à Nantes. Impatient et joyeux comme un amant qui court à son premier rendez-vous, il partit dans la matinée, après avoir confié à Valentin le soin de tout préparer pour l'installation de leurs hôtes.

Une heure après le départ de son oncle, Valentin se promenait triste et pensif, sur le bord de la Sèvres. Que se passait-il dans son cœur? Il n'est pas besoin de le dire.

# CHAPITRE XI

XI

Racontons maintenant ce qui se passait à Nantes le 15 juillet 1859, dans l'appartement N°. 5 de l'hôtel de France, entre quatre et cinq heures de l'après-midi.

Une jeune fille, belle comme le jour, est à demi couchée sur un divan : c'est Louisanne. Un nuage de mousseline des Indes enveloppe tout entier son corps souple et charmant. Une de ses mains sert d'appui à sa tête penchée, tandis que l'autre joue négligemment avec un éventail découpé dans une feuille de bananier. La grâce réside sur son front ; au fond de son regard on voit la sérénité de son âme. La gaîté, cette santé des jeunes cœurs, anime ses traits où respirent la bonté et la bienveillance.

Assis dans l'embrasure d'une fenêtre, M. Varembon fume, en vrai nabab, une longue pipe à bouquin d'ambre, et se plaît à suivre des yeux la fumée blanche et odorante qui flotte comme une auréole au-dessus des cheveux de sa fille. Il n'est pas beau et n'a jamais dû l'être ; mais son visage exprime, en même temps que la franchise et la loyauté, la béatitude d'un homme dont la fortune est faite, et qui trouve que tout est pour le mieux dans le meilleur des mondes possibles. De loin en loin, le père et la fille échangent quelques paroles affectueuses. Tout-à-fait remise des fatigues de la traversée, Louisanne est prête à partir. M. Varembon prétend qu'elle est encore un peu languissante. Il veut que la fleur qu'il rapporte des rives du Mississipi ne soit vue aux Cormiers que dans tout son éclat. Mais, quoi donc? le nabab a pâli ; le tuyau de jasmin échappe de ses doigts. Un pas précipité vient d'ébranler le corridor. Après seize ans d'absence, le nabab a reconnu ce pas. Il se lève, la porte s'ouvre. Fléchambault! Varembon! Mon frère! mon ami!... Laissons ces vieux compagnons mêler leur joie et leurs embrassements.

Heureux les amis qui peuvent, au déclin de l'âge, après une longue séparation, se retrouver ainsi ! Ils sont l'un pour l'autre le poême vivant de leurs belles années, un écho du passé, un gai reflet du printemps qui n'est plus ; en s'embrassant, c'est leur jeunesse qu'ils embrassent.

Louisanne s'était levée et les contemplait avec attendrissement. Quand M. Fléchambault, après s'être arraché des bras qui l'étreignaient, vit cette jeune et belle créature, il fut sur le point de prendre au mot la lettre de M. Varembon et de s'agenouiller devant elle. Louisanne s'avança vers lui, la main tendue et la bouche souriante ; M. Fléchambault la pressa sur son sein.

Par un privilège assez rare, M. Varembon avait pu chanter sur tous les tons les perfections de sa fille, sans encourir les reproches qu'on est trop souvent en droit d'adresser à l'aveuglement de l'amour paternel. Louisanne en disait plus par sa seule présence que toutes les lettres de son père. Le portrait pâlissait devant le modèle.

A la grâce, à la beauté, elle unissait les dons les plus précieux du cœur et de l'intelligence. L'âme ne démentait pas son enveloppe ; la liqueur était digne du vase qui la contenait.

Comme la plupart des jeunes filles qui ont eu le malheur de perdre leur mère avant l'âge, Louisanne avait grandi en pleine réalité. Elle avait compris et pratiqué de bonne heure le culte du devoir. A seize ans elle gouvernait déjà la maison de son père.

J'aime cette pensée de Jean-Paul :

« Sachez habituer de bonne heure votre fille aux travaux domestiques et lui en inspirer le goût; que la religion seule et la poésie ouvrent son cœur au ciel. Amassez de la terre autour de la racine qui nourrit cette plante délicate, mais n'en laissez point tomber dans son calice. »

Jean-Paul, à coup sûr, eût aimé Louisanne.

Quoiqu'elle fût chargée de reprendre, de corriger, de refuser, d'épargner, choses qui font haïr presque toutes les femmes, elle s'était rendue aimable à tous ; la bonne tenue de la maison était sa gloire ; elle s'en trouvait plus ornée que de sa beauté.

Ces soins d'administration domestique, trop souvent funestes à la grâce et à l'élégance, n'avaient terni chez elle aucun des charmes de la jeunesse ; seulement elle en avait retiré une raison précoce, et ce chaste aplomb, cette virginale assurance qui sied à l'autorité d'une jeune reine.

J'ai parlé de la gaîté qui animait ses traits : c'était la gaîté naturelle qui naît d'un esprit bien fait et d'un cœur honnête. Elle avait tout à la fois beaucoup de finesse et beaucoup de droiture, le caractère ferme, l'humeur enjouée et l'âme tendre.

Elle aimait son père d'une affection grave et passionnée. Elle l'avait vu plus d'une fois aux prises avec la mauvaise fortune; elle avait assisté à ces luttes acharnées, silencieuses, à ces angoisses dévorantes dont les commerçants ont seuls le secret; elle savait tout ce qu'il y avait en lui d'énergie, de courage et d'inflexible probité.

On n'a pas oublié que M. Fléchambault avait sauvé M. Varembon de la honte et du désespoir; Louisanne, en grandissant, s'était habituée à les confondre tous deux dans un même sentiment de tendresse et de gratitude. Après avoir commencé par se prêter à leurs projets, elle avait fini par s'associer à leurs espérances. Pour l'amener là sans efforts, il eût suffi de lui laisser entrevoir que son mariage avec Valentin assurerait le bonheur des deux amis; mais, par un de ces contrastes où se complaît la nature humaine, pendant que Valentin se détachait de Louisanne et la prenait en secrète aversion, Louisanne s'était sentie doucement attirée vers ce jeune homme. En s'éveillant, son imagination avait saisi cet aliment tout prêt; ses rêves s'étaient abattus, comme une volée de colombes, sur le rameau qui leur était offert. Ainsi, après avoir germé silencieusement dans son cœur, la pensée du devoir s'était épanouie peu à peu en une fleur charmante, et cette fleur, c'était l'amour. Les lettres de M. Fléchambault, tout à la louange de son neveu, n'avaient pas peu contribué à développer dans l'âme de la jeune fille ce sentiment, vague d'abord, mystérieux, à peine défini. Il est si doux, si facile d'ailleurs d'aimer ce qu'on ne connaît pas !

L'entretien, on peut le croire, se prolongea fort avant dans la nuit. Que de questions échangées coup sur coup, et n'attendant pas la réponse ! Que de phrases tombant drû comme grêle, et commençant toutes par ces trois mots : « Te souviens-tu ? » Que de discours interrompus par une brusque pression de main, par un sourire, par une larme ! Que d'heureux jours évoqués avec mélancolie ! Que de déboires, de vicissitudes, passés en revue avec une folle gaîté ! Puis on allait des souvenirs aux espérances ; on sortait des ruines du passé pour élever avec complaisance l'édifice de l'avenir. Que de beaux rêves tout près de se réaliser ! Que de joies, de félicités sur lesquelles on n'avait plus qu'à étendre la main ! Louisanne se taisait; mais une aimable rougeur colorait son visage. Les deux amis l'observaient en souriant.

M. Fléchambault, qui ne voulait pas, aux yeux de M. Varembon, avoir l'air d'un pauvre devant un riche qui compte son or, faisait blanc de son neveu, racontait de lui des merveilles, et ne se gênait pas pour donner à entendre que, si Valentin était un fortuné garçon, Louisanne n'était pas une fille par trop à plaindre. A l'en croire, Valentin eût été l'enfant du miracle. Trois années de séjour à Paris avaient complété son éducation et mis le comble à tous ses mérites. Et comme il aimait sa fiancée, le neveu de M. Fléchambault! Comme il soupirait après le jour sept fois béni qui devait couronner sa flamme! Louisanne se taisait ; mais son sein ému soulevait la gaze qui l'emprisonnait, et M. Varembon ne se sentait pas d'aise d'avoir en perspective un gendre si accompli, le modèle, la perle des gendres.

Le lendemain, dans la matinée, ils partirent tous trois pour les Cormiers. Pendant que Louisanne, la tête à la portière de la voiture, admirait le paysage qui se déroulait sous ses yeux, les méandres de la Sèvres, Clisson, ses tours, ses créneaux, ses ombrages, M. Fléchambault et M. Varembon continuaient l'entretien de la veille.

— Ainsi, mon vieil ami, disait M. Varembon, tu m'assures que Valentin aime ma chère Louisanne? Ton neveu se fait une fête d'épouser ma fille? Cette union lui promet le bonheur. J'ai craint plus d'une fois, je l'avoue, que son cœur, fatigué d'attendre, ne se décourageât.

— Valentin n'aime pas Louisanne, il l'adore, répliqua M. Fléchambault. Ce n'est pas de l'amour, c'est de la passion qu'il éprouve pour elle. Le croirais-tu? Il est jaloux, oui, jaloux comme un tigre. Dans son impatience, il accusait ta fille, il la croyait mariée, il voulait s'expatrier. Et si tu avais vu son trouble, sa pâleur, en apprenant que vous étiez à Nantes! J'ai craint un instant qu'il ne succombât à l'excès de sa joie. J'aurais voulu aussi que tu le visses, lisant le billet de Louisanne et cherchant dans ces quelques lignes son nom qui ne s'y trouve pas. — Louisanne me hait, j'en étais sûr! Elle me hait, je le savais déjà! — Si je ne l'eusse retenu, il se jetait par la fenêtre.

— C'est de l'amour, c'est de la passion, ajouta M. Varembon avec le ton d'un fin connaisseur. Que sera-ce donc quand il aura revu Louisanne?

— Ne m'en parles pas; j'en frissonne. Ce sera un volcan en pleine éruption.

— Tant mieux, Fléchambault, tant mieux! Le mariage jetera de l'eau sur tout cela, s'écria M. Varembon. Il faut reconnaître, mon vieil ami, que nous avons joué de bonheur; nous sommes servis à souhait. Ces deux enfants pouvaient, sans nous consulter et sans être coupables, disposer de leur cœur, réduire nos projets à néant. Remercions Dieu qui nous a aidés à les attirer l'un vers l'autre.

— J'aurais bien voulu voir, dit M. Fléchambault, que mon neveu s'avisât de ne pas aimer ta fille.

— L'amour ne se commande pas.

— La fille de mon vieil ami! La fille de Varembon!

— Il pouvait faire un autre choix.

— Impossible, impossible ! Tu ne connais pas Valentin ; tu ne sais pas dans quels principes il a été élevé. J'avais répondu, je m'étais engagé pour lui; il serait mort plutôt que de laisser protester la signature de son oncle.

— Je ne voudrais pas qu'il épousât Louisanne uniquement par devoir et par probité, pour faire honneur à ta signature.

— Je te répète qu'il l'adore. Te peindrai-je son désespoir quand tu partis pour la Nouvelle-Orléans? Il n'avait que huit ans alors, et déjà l'amour lui tenait au cœur. Depuis, j'ai vu cet amour grandir comme les jeunes peupliers de mes prairies.

— Je dois dire que je ne reçus pas sans effroi la nouvelle de son départ pour Paris. Te l'avouerai-je, Fléchambault? Je te blâmais tout bas d'y avoir consenti. Je tremblais que Valentin, entraîné par les séductions de la moderne Babylone, ne se détachât de ma fille et ne perdît, avec son innocence, le goût des joies honnêtes que nous lui promettions.

— Ah! bien oui! Veux-tu connaître la manière dont il vivait dans Babylone? Sa correspondance est là pour attester l'emploi de son temps. La saine littérature, les arts, les fortes études, les séances publiques de l'Académie, les cours de la Sorbonne, du collége de France, remplissaient toutes ses journées. Le soir, il voyait un monde choisi; assis, le plus souvent, dans une stalle du Théâtre-Français, il se pâmait en écoutant les vers inimitables du grand Corneille ou du divin Racine. Je veux que tu lises ses lettres; tu en seras surpris, édifié et charmé.

— Décidément, mon vieil ami, ton neveu est un puits de perfections.

— Valentin n'est pas seulement mon neveu, répliqua M. Fléchambault avec un sentiment d'orgueil bien légitime : il est aussi mon élève. C'est moi qui ai dirigé son éducation.

Tout en admirant le paysage, Louisanne saisissait au vol quelques mots de cet entretien, qui la plongeaient dans une douce ivresse. La voiture suivait, au galop des chevaux, un des verts sentiers qui longent le cours de la Sèvres. Le ciel était pur, l'eau limpide. L'imagination de Louisanne s'égarait en rêves enchantés. Les bouvreuils et les fauvettes chantaient sur son passage, pour lui souhaiter la bienvenue; les liserons se penchaient sur les haies pour la regarder; les menthes embaumaient l'air qu'elle respirait. Tout était fête autour d'elle comme dans son cœur; tout lui parlait de bonheur et d'amour.

Cependant les chevaux venaient de s'arrêter devant le perron des Cormiers. M. Fléchambault introduisit Louisanne et son père dans le salon, puis il alla chercher Valentin qui faisait sans doute un peu de toilette pour se présenter avec avantage.

## CHAPITRE XII.

## XII

Le principal ornement de la pièce où M. Fléchambault venait de laisser ses hôtes était un beau portrait en pied, peint à l'huile, et représentant un joli jeune homme en costume de chasse. M. Varembon se frottait les mains en le regardant, et Louisanne, de son côté, l'examinait avec émotion, car tous deux supposaient, avec raison, que c'était le portrait du jeune Valentin.

— Eh bien ! comment le trouves-tu ?

— Il a l'air doux et bon, mon père.

— C'est, par ma foi, un charmant cavalier. Le regard fin et caressant, la taille élancée, la main belle..... Je le reconnais, c'est bien lui. A huit ans il avait déjà cette physionomie franche et ouverte. Comme c'est peint! On jurerait que ces yeux vous observent, que cette bouche va s'ouvrir et parler. Bonjour, mon gendre! Je crois qu'il a souri. Conviens, ma chère, que tu auras un gentil mari.

— C'est vous, mon père, ajouta Louisanne, c'est vous qui m'aurez appris à l'aimer.

Ils en étaient là de leurs réflexions, quand tout-à-coup une trombe, un tourbillon, un ouragan se précipita dans le salon sous les traits de M. Fléchambault. Était-ce lui, grand Dieu? Était-ce bien notre Fléchambault, le Nestor des armateurs, l'ami de Varembon, le patriarche des Cormiers, le Fléchambault que nous avons connu? Blême, défait, les yeux hagards, les cheveux hérissés comme la barbe de Calchas, les lèvres pâles et tremblantes, il alla tomber dans un fauteuil où il s'affaissa sur lui-même. Louisanne et son père, tous les deux aux abois, l'accablaient de questions et ne pouvaient lui arracher un mot. Il n'eût pas été le meilleur des hommes qu'il eût encore fait peine à voir.

Enfin, l'œil égaré, la voix éteinte, la poitrine gonflée de soupirs :

— Louisanne, Varembon, dit-il, partez, retournez à la Nouvelle-Orléans, ne restez pas un instant de plus sous un toit déshonoré ; hâtez-vous de quitter une maison maudite. Allez-vous-en, fuyez, prenez la poste. Je vous ai attirés dans un guet-apens, vous êtes dans un coupe-gorge. Je suis tué, je suis mort, je suis assassiné, mon traître de neveu m'a plongé un poignard dans le sein !

— Ah! mon Dieu! s'écrièrent à la fois Varembon et Louisanne éperdus.

Et sous le jabot immaculé de M. Fléchambault, ils s'évertuaient à chercher une goutte de sang, la trace d'une égratignure.

— Ah! çà, mon vieil ami, perds-tu la tête? demanda M. Varembon, tu n'es pas plus assassiné que moi.

— Nous sommes tous assassinés! s'écria M. Fléchambault éclatant en sanglots. C'est ce vieux scélérat de Sainte-Amarante qui a fait tout le mal; c'est lui qui nous égorge tous!

— Mais, sac à papier ! jusqu'à présent nous nous portons tous bien, s'écria M. Varembon qui se palpait de la tête aux pieds. Je ne suis pas assassiné; si je l'étais, je le sentirais. On n'égorge pas les gens sans qu'ils éprouvent quelque chose d'inusité. Où est-il, ce Sainte-Amarante ? Où perche-t-il ? Je vais le trouver. Je n'ai pas peur de lui. Je le verrai, je lui parlerai.

— Voilà deux mois qu'il est mort de la goutte.

— Mais Valentin ? demanda Louisanne.

— Oui, Valentin ? répéta M. Varembon.

— Valentin est à Rome ! s'écria M. Fléchambault.

Le père et la fille échangèrent un regard consterné, qui pouvait se traduire ainsi : Décidément nous sommes descendus dans une maison de fous.

— Voyons, mon vieil ami, reviens à toi, et tâchons de parler raison, dit M. Varembon, d'un ton affectueux. Tu cries comme un blaireau qu'on écorche; ton neveu t'a plongé un poignard dans le sein. Or, Valentin est à Rome; il est vrai qu'hier il était aux Cormiers. Puis, c'est Sainte-Amarante qui nous égorge tous : or, depuis deux mois, Sainte-Amarante ne peut plus égorger personne. Tu vois bien, Fléchambault, que tu n'as pas le sens commun. Tu divagues. Calme-toi, reprends tes esprits, mets de l'ordre dans tes idées, et raconte-nous ce qui se passe ici. Si j'en juge par tes impressions, il se passe d'étranges choses.

Par un geste désespéré, M. Fléchambault tira de la poche de son habit une lettre qu'il tendit d'un air tragique à son ami.

— Voici, dit-il, le trait mortel que mon neveu, à la façon des Parthes, m'a décoché en s'enfuyant.

Puis il prit l'attitude d'un homme surpris par l'explosion d'une mine et qui s'attend à recevoir un quartier de roc sur la nuque.

— Il a une jolie écriture, ton neveu! s'écria, au bout de quelque instants, M. Varembon écarquillant les yeux ; je regrette qu'il ne soit pas ici pour recevoir mon compliment. L'écriture se perd, Fléchambault ; c'est un art qui s'en va; la jeunesse de nos jours, qui ne respecte rien, en fait fi. Que deviendra la tenue des livres? Vois si tu peux déchiffrer ce grimoire, ajouta-t-il en tendant à Louisanne la lettre de Valentin.

En donnant à la femme l'instinct de la curiosité, Dieu a pensé qu'il était de sa justice et de sa bonté de lui donner en même temps les moyens de le satisfaire. Entre autres dons, il lui a octroyé celui de pouvoir lire à première vue les écritures les plus indéchiffrables. Quand l'amour s'en mêle, cette aptitude prend chez les filles d'Eve des proportions miraculeuses; il n'est pas de vierge, n'ayant lu jusque-là que son missel, qui n'épelle tout couramment les hiéroglyphes de l'homme qu'elle aime. Louisanne, sans hésiter, lut ce qui suit à haute et intelligible voix :

« Pardonnez-moi, mon cher oncle, le
« chagrin que je vais vous donner. Mon
« cœur se brise en y songeant ; mais j'ai
« beau me dire que je fais une action in-
« fâme, que vous êtes le meilleur des on-
« cles, que je suis le plus ingrat des ne-

« veux; j'ai beau m'appliquer les noms
« les plus odieux, me révolter, m'indi-
« gner, m'exaspérer contre moi-même,
« c'est plus fort que moi, il faut que je
« parte. Voilà six ans passés que je hais
« mademoiselle Louisanne. Le chevalier
« de Sainte-Amarante, qui connaissait à
« fond tous les mystères du cœur humain,
« vous eût expliqué cela beaucoup mieux
« que je ne pourrais le faire. Toujours est-
« il que je la hais et que j'aimerais mieux
« me noyer dans la Sèvres, que de consen-
« tir à l'épouser jamais.

« Et pourtant le ciel m'est témoin que,
« ce matin encore, pour vous être agréa-
« ble, j'étais prêt à me sacrifier. Le sort en
« est jeté, je l'épouserai, me disais-je. En

« vue de votre bonheur, je me sentais ca-
« pable de tout. Hélas! vous n'étiez pas à
« Nantes, que déjà ma résolution faiblis-
« sait. J'avais trop présumé de mes forces
« et de mon courage. Nul de nous n'é-
« chappe à sa destinée ; bien fou est celui
« qui prétend résister à la fatalité qui l'en-
« traîne. Le mariage n'est pas mon fait.
« Mon âme, avide d'émotions, a besoin de
« liberté. Je vais demander à l'Italie ce
« que la France me refuse. Je pars; adieu,
« mon oncle, mon père, mon ami. Si je
« ne me retenais, je tremperais ce papier
« de mes larmes. Je veux ménager votre
« sensibilité. Présentez mes respects à
« M. Varembon, mes excuses à mademoi-
« selle Louisanne, qui, en arrivant aux
« Cormiers, sera, soyez en sûr, secrète-

« ment charmée d'apprendre que j'en suis
« parti. Le chevalier de Sainte-Amarante
« vous eût débité là-dessus une foule
« de maximes pleines d'esprit, de grâce et
« de sens. La voiture de Poitiers m'attend
« au relais de Mortagne. Je n'ai que le
« temps de vous embrasser à la hâte, de
« vous dire que partout et toujours je se-
« rai, comme par le passé,

« Votre affectionné neveu,

« Valentin. »

« *P. S.* Ne soyez pas en peine de moi.
« Grâce à votre générosité, je puis aller
« jusqu'au bout du monde. Quand mes
« ressources seront épuisées, je tirerai sur
« vous des lettres de change qui vous se-

« ront présentées fidèlement au jour de
« l'échéance. »

Après avoir achevé avec un imperturbable sang-froid la lecture de cette épître, Louisanne partit d'un éclat de rire si bruyant, si frais, si perlé, qu'on eût dit un concert de canaris chantant à plein gosier dans une volière. Debout au milieu du salon, les bras croisés sur sa poitrine, dans l'attitude silencieuse d'un tyran de mélodrame, M. Varembon tenait sous son regard l'infortuné Fléchambault palpitant comme un perdreau sous l'œil magnétique d'un vautour. Louisanne riait toujours, de ce rire effréné qui touche à la souffrance et qui va jusqu'aux pleurs.

Voyant que sa fille prenait ainsi la chose, M. Varembon fit comme elle et se mit à rire à gorge déployée. Il courait dans la chambre en se tordant les côtes, tandis que Louisanne, qui avait fini par se jeter sur un divan, se roulait sur les coussins comme une jeune chatte en gaîté. M. Fléchambault, relevant timidement la tête, les observait tous deux d'un air effaré. Il ne riait pas; son visage abattu, son maintien piteux, exprimaient suffisamment le martyre qu'il endurait.

Louisanne comprit la première tout ce qui devait se passer dans le cœur du pauvre oncle. Elle courut à lui, s'agenouilla sur le tapis, devant le fauteuil où il était assis, et lui prenant les mains :

— Ne vous désolez pas, mon ami, dit-elle d'une voix caressante. Votre neveu me hait, il ne veut pas de moi pour sa femme; sans doute, c'est un malheur; mais il faudra bien que je m'en console. J'ai la conviction qu'en apprenant à me connaître, M. Valentin comprendra qu'il s'est trompé, et que, sans être digne de son amour, je ne méritais pas sa haine. De grâce, ne vous affligez pas. Qu'y a-t-il de changé à nos projets d'existence en commun? Mon père a-t-il cessé d'être votre ami, votre frère? Aujourd'hui comme hier, ne suis-je pas votre fille chérie, votre enfant bien-aimé?

— Mieux que cela, soyez ma femme, soyez madame Fléchambault! s'écria le vieil oncle dans un transport d'enthousiasme. Je suis encore vert et mon cœur a vingt ans. Marions-nous, vengeons-nous ! Qu'à son retour, mon coquin de neveu trouve aux Cormiers une nuée de petits cousins ; qu'il enrage, en vous voyant si belle, et que mon héritage lui passe sous le nez.

M. Varembon se tenait les flancs; Louisanne se mordait les lèvres.

— Non, mon ami, non, dit-elle en souriant. Je reconnais tout ce qu'il y a de délicatesse, d'abnégation et de désintéressement dans l'offre que vous me faites; mais je ne saurais accepter votre sacrifice.

— Ne faites pas de cérémonies, répliqua M. Fléchambault; j'ai toujours eu du goût pour le mariage.

— Moi, reprit Louisanne, je ne suis pas pressée de me marier. Vivons ensemble dans cette fraîche vallée. A tout prendre, le bonheur et l'hymen peuvent se passer l'un de l'autre. M. Valentin ne sera pas toujours absent, et peut-être finira-t-il par vouloir de moi pour sa sœur.

M. Fléchambault l'attira sur son cœur et tendit la main à M. Varembon qui la serra chaleureusement.

— Sans rancune, mon vieil ami! Permets-moi seulement de te dire que tu me la donnais belle avec l'amour de ton neveu, sa passion et sa jalousie. Il n'y a pas deux heures que tu me le représentais comme un tigre, comme un volcan en pleine éruption. Si tu ne l'eusses retenu, il se jetait par la croisée. C'était sans doute pour se sauver plus vite.

— C'est Sainte-Amarante qui a tout perdu, dit en soupirant M. Fléchambault.

— Parlons donc de Sainte-Amarante! dit en riant M. Varembon.

— Oui, répéta gaîment Louisanne, parlons de Sainte-Amarante; car jusqu'à présent je ne comprends rien à celtte aventure, si ce n'est que M. Valentin me hait et qu'il est parti pour aller le dire à Rome.

M. Fléchambault parla de Sainte-Amarante. Il raconta de quelle façon Valentin avait fait connaissance avec le damné chevalier. Puis il dit le changement qui dès-lors s'était opéré dans l'humeur et le caractère de son neveu, son départ pour Paris, son retour aux Cormiers, sa résolution de partir de nouveau, toute l'histoire de ce jeune égaré, dans laquelle il voyait clair enfin, grâce au dernier incident qui venait de lui ouvrir les yeux.

M. Varembon, qui n'avait jamais lu de romans, écoutait, bouche béante, tombait de son haut à chaque phrase, se frottait les yeux et pensait rêver.

Louisanne, de son côté, n'était pas médiocrement surprise. Tout en prêtant l'oreille aux confidences de M. Fléchambault, elle tournait de temps en temps un regard furtif vers le portrait de Valentin, et ce regard disait : Vraiment, c'est grand dommage !

FIN DU PREMIER VOLUME.

Impr. de E. Dépée, à Sceaux.

# En vente chez les mêmes éditeurs.

## ALEXANDRE DUMAS.
| | | |
|---|---|---|
| LE COMTE DE MONTE-CRISTO, 2ᵉ édition..... ........ | 12 vol. | 60 fr. » |
| LES TROIS MOUSQUETAIRES, — ............... | 8 vol. | 40 » |
| VINGT ANS APRÈS (suite des *Trois Mousquetaires*), 2ᵉ édit. | 8 vol. | 40 » |
| LA REINE MARGOT, 2ᵉ édit................... | 6 vol. | 30 » |
| LE VICOMTE DE BRAGELONNE, tomes 1 à 12........... | 12 vol. | 72 » |

## GEORGE SAND.
| | | |
|---|---|---|
| LA PETITE FADETTE................... | 2 vol. | 12 » |

## LOUIS REYBAUD.
| | | |
|---|---|---|
| JÉROME PATUROT A LA RECHERCHE DE LA MEILLEURE DES RÉPUBLIQUES.................. | 4 vol. | 20 » |
| ÉDOUARD MONGERON............. | 5 vol. | 25 » |
| LE COQ DU CLOCHER............... | 2 vol. | 10 » |
| CÉSAR FALEMPIN.............. | 2 vol. | 10 » |
| PIERRE MOUTON............... | 2 vol. | 10 » |
| LE DERNIER DES COMMIS-VOYAGEURS (épuisé)........ | 2 vol. | » » |
| MARIE BRONTIN OU LA CONSPIRATION DE BABOEUF (sous presse)................. | 2 vol. | 12 » |

## JULES JANIN.
| | | |
|---|---|---|
| LE CHEMIN DE TRAVERSE............... | 1 vol. | 3 50 |
| LA RELIGIEUSE DE TOULOUSE (*sous presse*)......... | 2 vol. | 15 » |
| LA VIE LITTÉRAIRE......( » ).......... | 2 vol. | 15 » |

## PROSPER MERIMÉE.
| | | |
|---|---|---|
| CARMEN................... | 1 vol. | 6 » |

## JULES SANDEAU.
| | | |
|---|---|---|
| MADELEINE............ | 1 vol. | 6 » |
| MADEMOISELLE DE LA SEIGLIÈRE............. | 2 vol. | 12 » |
| UN HÉRITAGE................. | 2 vol. | 12 » |
| LA CHASSE AU ROMAN..... | 2 vol. | 12 » |

## Mᵐᵉ CHARLES REYBAUD.
| | | |
|---|---|---|
| GÉRALDINE............. | 2 vol. | 10 » |
| LES DEUX MARGUERITE............. | 2 vol. | 12 » |
| SANS DOT................. | 2 vol. | 12 » |
| LE CADET DE COLOBRIÈRES............. | 2 vol. | 12 » |
| FÉLISE (sous presse)............. | 2 vol. | 12 » |
| CLÉMENTINE (sous presse)............. | 2 vol. | 12 » |

## CHARLES DIDIER.
| | | |
|---|---|---|
| ROME SOUTERRAINE............. | 2 vol. | 10 » |
| ROMANS DU MAROC............... | 4 vol. | 10 » |

## ARSÈNE HOUSSAYE.
| | | |
|---|---|---|
| MADAME DE FAVIÈRES............... | 2 vol. | 5 » |

## ÉDOUARD CORBIÈRE.
| | | |
|---|---|---|
| PELAIO................. | 2 vol. | 5 » |

| | | |
|---|---|---|
| MÉMOIRES DE CAUSSIDIÈRE, ex préfet de police...... | 2 vol. | 12 » |
| MÉMOIRES DE MADEMOISELLE FLORE, des Variétés, écrits par elle-même (2ᵉ édit.)............... | 3 vol. | 12 » |

www.ingramcontent.com/pod-product-compliance
Lightning Source LLC
Chambersburg PA
CBHW060629170426
43199CB00012B/1487